Roland Hardmeier

Himmelstöchter!

Der Autor

Dr. Roland Hardmeier, geboren im Oktober 1965, verheiratet mit Elisabeth Hardmeier-Gurtner, wohnhaft in Kloten bei Zürich (Schweiz). Berufslehre als Zimmermann, studierte ab 1988 am Seminar für biblische Theologie Beatenberg, erwarb 1991 das Cambridge First Certificate in Reading (England), machte danach von 1992–1994 den «Master of Arts» in biblischer Theologie (Akademie für Weltmission in Korntal, Deutschland, und Columbia International University in South Carolina, USA), und schließlich von 2002–2008 den «Master of Theology» und den «Doctor of Theology» an der Universität von Südafrika. Heute ist er promovierter Missionswissenschaftler.
Von 1995–2010 war Roland Hardmeier fünfzehn Jahre lang Pastor im Bund der Freien Evangelischen Gemeinden der Schweiz. Seit 2011 ist er als selbständiger Dozent, Referent, Autor und Berater tätig.

Möchten Sie mehr über den Autor erfahren?
Oder ihn für ein Referat buchen?
www.roland-hardmeier.ch

Roland Hardmeier

Himmelstöchter!

Warum die Stärke der Frau
in der Kirche gebraucht wird.
Und warum das biblisch ist.

Mit einem Vorwort
von Elke Werner

BRUNNEN
Verlag Basel · Giessen

Bibliografische Information der Deutschen Nationalbibliothek
Die Deutsche Nationalbibliothek verzeichnet diese Publikation in der Deutschen Nationalbibliografie; detaillierte bibliografische Daten sind im Internet über www.dnb.de abrufbar.

Folgende Bibelübersetzungen wurden verwendet:

EÜ = Einheitsübersetzung © 1980 Katholische Bibelanstalt, Stuttgart
ELB = Elberfelder Bibel © 1985, 1991, 2008 SCM R. Brockhaus, Witten
GNB = Gute-Nachricht-Bibel © 1997 Deutsche Bibelgesellschaft, Stuttgart
Hfa = Hoffnung für alle © 1983, 1996, 2002 Biblica, Inc.™, Hrsg. vom Brunnen Verlag Basel
LB = Lutherbibel © 1984 Deutsche Bibelgesellschaft, Stuttgart

Umschlag: spoon design, Olaf Johannson, Langgöns
Foto Umschlag: Ilaszlo / Shutterstock.com
Foto U4 Umschlag: Warren Goldswain / Shutterstock.com
Satz: InnoSet AG, Justin Messmer, Basel
Druck: CPI – Ebner & Spiegel, Ulm
Printed in Germany

ISBN 978-3-7655-1535-4

Inhaltsverzeichnis

Vorwort von Elke Werner

Ein älterer Herr aus einer Gemeinde, in der Frauen weder laut beten noch predigen dürfen, ist verärgert, dass auf einer Freizeit des CVJM ausgerechnet am Karfreitag eine Frau die Andacht zur Sterbestunde Jesu hält.

Nach der Veranstaltung geht er aufgebracht auf sie zu. Sie spürt die Anspannung und entschuldigt sich, dass sie niemanden verärgern wollte.

Doch dann sagt er: «Ich habe heute zum ersten Mal eine Frau predigen gehört. Und ich muss sagen, Gott hat Ihnen die Gabe dazu gegeben. Jetzt muss ich zu Hause noch mal sorgfältig meine Bibel lesen, denn es macht ja keinen Sinn, dass er die Gabe einer Frau gibt, die sie dann gar nicht einsetzen darf.»

Hut ab vor jemandem, der in einer solchen Tradition aufgewachsen und geistlich geprägt ist, der aber trotz seines Alters bereit ist, die Bibel noch einmal zu durchforschen.

Die Frage nach Gottes Willen für die Hälfte der Menschheit ist so wichtig, dass es sich lohnt, noch einmal ganz genau in die Bibel zu schauen. Das geht nur, wenn wir die Brille des eigenen Zeitgeistes, der umgebenden Kultur und der Gemeindetradition ablegen und hinschauen, was wirklich da steht.

Roland Hardmeier tut genau das sehr ausführlich, nachvollziehbar und umfassend. Man spürt jedem Argument ab, dass er die Bibel ernst nimmt und sie sich nicht zurechtbiegt. Er kämpft um den Gesamtzusammenhang biblischer Aussagen über Mann und Frau und um das Detail der Einzelaussagen, die so oft aus dem Zusammenhang gerissen werden.

Die Frage nach der Rolle der Frau ist so wichtig, dass sie nicht genug studiert werden kann. Dabei wissen wir alle, dass unsere Erkenntnis Stückwerk ist und dass es niemanden gibt, der es schafft, die eigenen Prägungen und Interpretationen bei der Auslegung von Bibeltexten ganz auszuschalten. Ich bin überzeugt, dass in diesem Buch ein sehr gelungener Versuch vorliegt, die Texte für sich sprechen zu lassen. Dennoch mischt sich hier und da eigene Interpretation unter die Gedanken. Deshalb ist es wichtig, dass auch wir Leser mit den Texten arbeiten und uns die Mühe machen, die Argumente des Autors vom Text her zu überprüfen.

Ich bin dankbar für dieses Buch, das ich Männern und Frauen sehr empfehle. Es wird jedem Leser helfen, genauer hinzuschauen, den roten Faden in der Bibel ernst zu nehmen und die wenigen missverständlichen Bibelstellen, die vermeintlich Frauen in ihren Aufgaben einschränken, anders zu bewerten. Es zeigt auf, dass Gott Frauen in gleicher Weise achtet, begabt, beruft und sendet wie Männer. Wenn wir als Gemeinden das verstehen, ernst nehmen und umsetzen, werden wir das Reich Gottes mit neuer Kraft und in aller Fülle ausbreiten können. Und darum geht es ja: um die gute Nachricht für Männer und Frauen, die Jesus gebracht hat. Sie muss in diese Welt hineingetragen werden. Von Männern und von Frauen.

Wir können das Reich Gottes nur gemeinsam bauen. Wir brauchen jede Frau und jeden Mann, jede Gabe, die Gott geschenkt hat, jede Berufung, die ein Mensch von Gott erhalten hat.

Wer das Buch mit Gewinn lesen will, sollte dem Bibeltext neu die Möglichkeit geben, ihn oder sie zu überraschen. Danke, Roland Hardmeier, für den Mut, umzudenken. Danke für die fundierte Arbeit an und mit der Bibel.

***Elke Werner**, WINGS – Women in God's Service*

Kapitel 1
Wir wissen es längst

Wir wissen es längst: Das Betätigungsfeld, welches viele christliche Gemeinden den Frauen bieten, stimmt nicht mit unserem traditionellen Verständnis einschlägiger Bibelstellen überein.

Wir wurden gelehrt, die biblische Schöpfungsordnung untersage den Frauen leitende Funktionen.

Heute dienen Frauen in Gemeindeleitungen und als Pastorinnen.

Man sagte uns, der Apostel Paulus verbiete der Frau zu lehren.

Heute stehen Frauen auf der Kanzel.

Hat der Apostel Paulus den Frauen nicht das Reden im Gottesdienst untersagt?

Heute bringen sich Frauen in ihrer Gemeinde genauso ein wie die Männer.

An dieser Liste fällt sofort auf, dass in der Frage des Dienstes der Frau überwiegend mit dem Apostel Paulus argumentiert wird. Jesus bleibt merkwürdig außen vor. Wieso wird kaum mit Jesus argumentiert, der doch unser Vorbild ist? Diese Frage bringt eine Unstimmigkeit ans Licht, mit der wir uns später in diesem Buch näher befassen werden.

Wir befinden uns in einem Dilemma.

Einerseits empfinden es viele von uns als normal, wenn Frauen predigen oder eine leitende Funktion in der Gemeinde einnehmen. Anderseits glauben ebenso viele von uns, dass das Neue Testament den Frauen Lehre und Leitung «eigentlich» untersagt.

Was ist da geschehen?

Haben wir dem Zeitgeist der Postmoderne den kleinen Finger gegeben?

Verleugnen wir durch unseren Pragmatismus das Evangelium?

Man kann den Spieß auch umdrehen:

Entspricht die Auffassung, Frauen dürften weder lehren noch leiten, vielleicht dem patriarchalischen Zeitgeist des 19. Jahrhunderts und gar nicht der Bibel?

Erheben die, welche die Auffassung vertreten, Frauen hätten zu schweigen, etwas zu einem Identität stiftenden Merkmal unseres Glaubens, obschon es in der Bibel möglicherweise eine Nebenrolle spielt?

Fragen – hüben wie drüben.

Diesen Fragen stellen wir uns in diesem Buch. Es ist für jene geschrieben, die merken, dass in der christlichen Gemeinde bei diesem Thema irgendetwas nicht stimmt. Für jene, die erahnen, dass die befreiende Dimension des Evangeliums für Frauen verloren gegangen ist, und sie wieder zurückhaben möchten. Und für jene, die bereit sind, sich unkonventionelle Argumente anzuhören.

So unterschiedlich die Ansichten zu diesem Thema sind – es gibt einen Punkt, an dem wir uns treffen können. Dieser Punkt ist die Überzeugung, dass die Bibel in allem, was sie lehrt, als Wort Gottes ernst zu nehmen ist. Ein «eigentlich» darf es nicht geben, denn wenn die Bibel nicht unser Maßstab ist, was oder wer ist es dann?

Ihre (und meine) Geschichte

Jeder von uns hat eine Geschichte, in der Frauen vorkommen. Und bei den meisten von uns kommt in dieser Geschichte auch die christliche Gemeinde vor. Es ist wichtig, sich dessen bewusst zu sein, denn diese Geschichte prägt uns und beeinflusst unser Verständnis von biblischen Texten.

Hier zunächst meine eigene Geschichte: Ich wuchs in einer Freikirche auf, in der Frauen weder lehren noch leiten durften. Das Schweigegebot des Apostels Paulus aus dem 1. Korintherbrief wurde *absolut* verstanden. Es waren die Männer, die den Gottesdienst bestritten und durch ihre Wortbeiträge die Gemeinde lehrten. Den Frauen war es nicht gestattet, im Gottesdienst oder beim Gemeindegebet zu reden oder zu beten.

Ja, tatsächlich!

In meiner Geschichte nimmt die Gemeinde, in der ich aufwuchs, eine wichtige Rolle ein – auch hinsichtlich des Dienstes der Frau. Das Schweigen der Frauen war für mich lange eine Selbstverständlichkeit. Ein Verweis auf das Schweigegebot des Apostels Paulus genügte, um mir klarzumachen, dass es nicht anders sein konnte. Jede Abweichung von unserer Tradition wurde als Verweltlichung gebrandmarkt, der Widerstand geleistet werden musste. Natürlich verteidigten wir – so unser Denken – damit keine Tradition, sondern nichts als die Wahrheit. Zweifellos war das Schweigen der Frau eines der Aushängeschilder unserer Bibeltreue, das wir besonders eifrig auf Hochglanz polierten.

Doch wie es so ist: Unsere schöne, heile Welt wird erschüttert, wenn wir uns anschicken, selbständig zu denken und zu handeln. Als junger Erwachsener erwachte ich zu meinem eigenen geistlichen Leben – und begann mich daran zu stören, dass die Frauen in unserer Gemeinde nicht wenigstens beten durften. Sagt doch der Apostel Paulus im 1. Korintherbrief, dass eine Frau mit bedecktem Kopf *beten* soll. Das verstand ich so, dass Paulus ganz selbstverständlich davon ausging, dass Frauen im urkirchlichen Gottesdienst beteten.

Ich sollte auf Granit beißen. Aus einem Grund, der mir nicht einsichtig war, stand in unserer Gemeinde das Schweigegebot *über* der Anweisung, wie sich die Frauen beim Beten verhalten sollten. Offenbar hatte das Schweigegebot Priorität gegenüber der Anweisung zum Verhalten beim Gebet. Mit dieser schwindelerregenden Bibelauslegung vermochte ich nicht Schritt zu halten.

Es war mir damals noch nicht bewusst, wie entscheidend die Frage ist, welche Bibelstellen man priorisiert, wenn es um die Stellung der Frau geht. Man kann die Bibel mit der Bibel auslegen, ja, man sollte das unbedingt tun. Man kann dabei aber auch eine biblische Aussage mit einer anderen aufs Kreuz legen und sie auf diese Weise zunichtemachen oder sie zumindest in die zweite Reihe verbannen. Die Frage der Priorisierung von Bibeltexten wird uns in späteren Kapiteln weiter beschäftigen.

Und noch eine Überraschung wartete auf mich. Erst viele Jahre später wurde mir bewusst, welch dominante Rolle die Frage nach der Stellung der Frau unter Evangelikalen im Allgemeinen und in unserer Gemeinde im Besonderen einnahm. Die Bedeutung, die wir dem Thema beimaßen, ging weit über den Platz hinaus, den die Bibel ihm einräumt. Bis zu dieser Erkenntnis verging eine lange Zeit, in der ich in verschiedenen Rollen mit dem Thema in Berührung kam.

Während meiner theologischen Ausbildung stieß ich erneut auf die Frage des Dienstes der Frau. Die Dozenten der Institution, an der ich mich ausbilden ließ, vertraten dieselbe Haltung wie meine Gemeindeältesten, mit dem Unterschied, dass die Institution lange Zeit von einer Frau geleitet worden war und im Dozentenkollegium eine Frau mitarbeitete. Dieser etwas merkwürdige Umstand wurde mit dem Hinweis gerechtfertigt, die Anweisungen des Apostels Paulus hätten für die *Gemeinde* Gültigkeit, nicht aber für eine theologische Institution. Ich war verwirrt.

In dieser Zeit entdeckte ich, dass in den Freikirchen, die ich kannte, die Frauen eine auffallend zurückhaltende Rolle spielten, während sie in der Mission sämtliche Aufgaben ausführten, die in den Gemeinden der Heimat den Männern vorbehalten waren: predigen, lehren, leiten, taufen. Offenbar musste man nur in ein Flugzeug steigen und an einem weit entfernten Ort wieder aussteigen, und schon galten andere Gesetzmäßigkeiten. Meine Zweifel an der Rechtmäßigkeit unserer Tradition verstärkten sich.

Einige Jahre später wurde ich, nun als Pastor tätig, erneut mit der Frage des Dienstes der Frau konfrontiert. Eine Missionarin unserer Gemeinde, die in die Heimat zurückgekehrt war, bot sich an, die Leitung eines Hauskreises zu übernehmen. Das führte zu Spannungen, weil die Tradition unserer Gemeinde besagte, dass eine Frau keine leitende Stellung einnehmen konnte. Jene Anfrage war wie eine Initialzündung für mich. Sie löste einen langen Prozess aus, in dem ich viele interessante Entdeckungen machte.

Etwas war von diesem Moment an anders als in meinen früheren Berührungen mit dem Thema. Während ich in meiner Zeit der theologischen Ausbildung die Frage der Frau in der Sicherheit des Elfenbeinturms behandeln konnte, war ich jetzt direkt betroffen. Was das für einen Unterschied machte! Ich erkannte, dass man die Bibel nur durch persönliche Betroffenheit richtig verstehen kann und dass es ein Irrtum ist, zu meinen, man könne sich einer theologischen Frage neutral und vorurteilsfrei stellen. Endlich hatte ich begriffen, dass meine eigene Geschichte eine entscheidende Rolle spielte.

Denken Sie nicht, Sie könnten sich neutral mit dem Thema dieses Buches befassen. Irgendetwas hat Sie motiviert, es in die Hand zu nehmen und sich mit den Aussagen der Bibel über den Dienst der Frau zu beschäftigen.

Hegen Sie Befürchtungen, die Lehre der Bibel könnte über Bord geworfen oder schleichend aufgegeben werden?

Oder hoffen Sie, Argumente für den Dienst der Frau zu finden, um aus etwas auszubrechen, was Sie als eng empfinden?

Vielleicht haben Sie negative Erfahrungen mit dominanten Frauen (oder Männern) gemacht.

Oder Sie haben erlebt, wie begabte Frauen in ihrem Dienst beschnitten wurden.

Diese Fragen, Enttäuschungen, Hoffnungen oder Befürchtungen machen Sie persönlich betroffen. Und das ist gut so. Denn eine Theologie mit emotionaler Distanz macht uns leicht zum Schalksknecht, der jene würgt, die eine andere Auffassung vertreten. Je eher Sie sich Ihrer Betroffenheit bewusst werden, desto weiser werden Sie im Umgang mit dem vorliegenden Thema sein.

Mit der Zeit wurde mir bewusst, dass man bei denen, die sich das Gütesiegel «bibeltreu» zugute halten, von zwei entgegengesetzten Positionen in der Frage des Dienstes der Frau reden kann. Beide gehen davon aus, dass die Bibel Gottes Wort ist und heute dieselbe Gültigkeit besitzt wie zu der Zeit, als die Originalschriften entstanden.

Die eine Position besagt, Frauen dürften weder lehren noch leiten, sondern hätten zu schweigen. Diese Position kannte ich von meiner Jugend her. Sie befriedigte mich je länger, desto weniger, weil ich erkannte, dass niemand diese Position konsequent vertrat.

Warum sollten Frauen in der Gemeinde nichts zu sagen haben,

aber als Missionarinnen, Dozentinnen und Buchautorinnen ungehindert und offensichtlich auch segensreich wirken können?

Wo macht die Bibel in Sachen Frauen einen Unterschied zwischen der Gemeinde und anderen Lebensbereichen? Mit welcher Berechtigung wird hier eine Trennwand hochgezogen?

Und warum gibt es in der Bibel Beispiele, in denen Frauen eine Nation leiten (wie Debora) oder ein prophetisches Amt ausüben (wie Hulda), wenn dies heute angeblich nicht mit der Bibel zu vereinbaren ist?

Das waren meine Fragen, die immer drängender wurden und nach einer Antwort verlangten.

Die andere Position besagt, es gäbe zwischen Männern und Frauen keine Unterschiede, einzig die Begabung sei Kriterium des Dienstes. Wenn eine Frau lehren könne, solle sie lehren, wenn sie Leitungsfähigkeiten habe, solle sie leiten. Auch diese Position befriedigte mich nicht. Ich konnte in der Bibel die Gleichmacherei von Mann und Frau nicht entdecken, sondern glaubte, dass der Mann die Aufgabe habe, zu leiten und geistliche Verantwortung wahrzunehmen.

Also befand ich mich in einem Dilemma. Einerseits glaubte ich an die andauernde Gültigkeit der biblischen Aussagen, andererseits schienen mir die verschiedenen Positionen nicht ausreichend begründet zu sein. Während die einen auf das Schweigegebot des Apostels Paulus verwiesen und mir zu verstehen gaben, dass damit so ziemlich alles über den Dienst der Frau gesagt sei, überzeugten mich die anderen nicht, die sich an Hinweise klammerten, welche die völlige Aufhebung der Unterschiede zwischen Mann und Frau zu belegen schienen.

Mein Dilemma führte mich, zusammen mit meinen Freunden in der Gemeindeleitung, zu einer intensiven Beschäftigung mit den einschlägigen Bibelstellen. Während vieler Jahre studierten wir sie, stellten uns den schwierigen Fragen und nahmen die Gemeinde in einen Veränderungsprozess mit offenem Ausgang mit. Daraus wurde eine der anforderungsreichsten, aber auch schönsten Aufgaben, denen ich mich als Pastor jemals gegenübersah.

Unsere Betroffenheit nahm zu, als wir sahen, wie stark die Frauen in unserer Gemeinde vom Ergebnis unseres Studiums betroffen sein würden. Ich muss gestehen, dass dies die Aufgabe nicht leichter machte – und das war gut so.

Wir hielten schließlich das Ergebnis unseres Studiums schriftlich fest und besprachen es mit der Gemeinde. Ich erinnere mich, wie ich vor der Gemeinde einmal einräumen musste, dass ich eine meiner früheren Positionen zur Frage des Dienstes der Frau nicht mehr vertrat und in gewissen Punkten zu einer anderen Überzeugung gekommen war. Spätestens in jenem Moment wurde mir bewusst, dass meine Erkenntnis tatsächlich Stückwerk ist, wie es der Apostel Paulus so treffend sagt.

Auch das gehört zu unserer Geschichte. Sie ist kaum einmal ein lineares Ereignis, sondern weist Brüche und Neuansätze auf. Es ist das Beste, auf Neuansätze gefasst zu sein, denn dadurch wird ein ergebnisoffener Umgang mit der Bibel erst möglich.

Das intensive Bibelstudium über das Verhältnis von Mann und Frau hat mich in den letzten Jahren zu Überzeugungen geführt, die sich von meinen ursprünglichen Ansichten unterscheiden und meine Sicht auf die Würde, den Dienst und die Stellung der Frau verändert haben.

Ich bin zur Überzeugung gelangt, dass vieles, was wir als biblisch verteidigen, im Grunde genommen Tradition ist. Ich habe gelernt, dass die Bibel mit der Bibel auszulegen ist und dass der Zusammenhang, in dem ein Vers steht, berücksichtigt werden muss, wenn man die Bibel richtig verstehen will. An diesem Prozess möchte ich Sie in diesem Buch teilhaben lassen. Meine Ausführungen gründen zum einen auf der Überzeugung, dass die Bibel in allem, was sie lehrt, verbindlich ist. Zum anderen glaube ich, dass eine gründliche Auseinandersetzung mit dem historischen Hintergrund, in dem eine biblische Aussage gemacht wird, nötig ist, um die Bedeutung einer Aussage richtig zu erfassen.

Das Evangelium ist befreiend

Sie werden feststellen, dass dieses Buch Gemeinsamkeiten mit und Unterschiede zu anderen Büchern zum Thema aufweist. Zunächst möchte ich betonen, dass ich mit vielem, was über das Thema bereits geschrieben wurde, übereinstimme und ich deshalb über weite Strecken nichts wirklich Neues sage. Ich glaube aber auch, dass es ein paar Punkte gibt, die bisher wenig Beachtung gefunden haben. So glaube ich, dass es wichtig ist, aufmerksam zu sein und auf Details, wie die Bedeutung von Namen oder so etwas Unspektakuläres wie eine Grußliste, zu achten. Sie können viel mehr zur Klärung des Themas beitragen, als manche von uns denken. Das sollte uns nicht erstaunen, denn das kleinste Strichlein, die scheinbar unbedeutendste Aussage hat im Wort Gottes seinen Sinn (Matthäus 5,18).

Eine Eigenart dieses Buches besteht darin, dass wir immer wieder mal zwischen den Zeilen des Bibeltextes lesen und dabei Interessantes entdecken. Ich bin überzeugt, dass das ganz im Sinn von Jesus und den Evangelienverfassern ist, die seine Geschichte niedergeschrieben haben.

Wir werden natürlich auch die einschlägigen Bibelstellen, wie das Lehrverbot im 1. Timotheusbrief und das Schweigegebot im 1. Korintherbrief, eingehend untersuchen. Wir werden dabei einige ungewöhnliche Überlegungen anstellen, die den Gedanken nahelegen, dass die ganze Sache möglicherweise viel weniger kompliziert ist, als es heute erscheint.

Nicht zuletzt: Ich bin überzeugt, dass das Evangelium von Jesus Christus befreiend ist. Der Gott, dem wir dienen, ist ein befreiender Gott. Das gilt auch für Frauen. Dass es nötig ist, einen solchen Satz überhaupt zu schreiben, macht deutlich, wie schrecklich falsch unsere Geschichte in Sachen Männer und Frauen gelaufen ist. Mit diesem Buch hoffe ich, einen Beitrag zu leisten, dass die befreiende Dimension des Evangeliums für Frauen klar zu Tage tritt.

Kapitel 2
Ein wunderschönes Bild

Wo sollen wir bloß beginnen?

Diese Frage kann schon so etwas wie eine Vorentscheidung herbeiführen.

Wenn wir mit den Stellen der Bibel beginnen, in denen Frauen das Lehren verboten (1. Timotheus 2) oder das Schweigen verordnet wird (1. Korinther 14), dann scheint die Sache klar zu sein, bevor wir uns gründlich mit der biblischen Botschaft befassen. Wo wir beginnen, an wen wir unsere Fragen stellen, hat wesentlichen Einfluss auf die Antworten, die wir finden.

Hier kann Jesus uns die Richtung weisen.

Wenn wir die biblischen Aussagen über das Verhältnis der Geschlechter sowie über Stellung und Aufgabe der Frau richtig verstehen wollen, müssen wir bei der Schöpfung beginnen.

Als Jesus von den Pharisäern gefragt wurde, ob ein Mann sich von seiner Frau scheiden dürfe, begründete er seine Antwort von der Schöpfung her (Matthäus 19,3–9).

In gleicher Weise verfährt der Apostel Paulus. Als er seinem Mitarbeiter Timotheus Anweisungen über das Verhalten von

Männern und Frauen im Gottesdienst gab, stützte er sich auf den Schöpfungsbericht (1. Timotheus 2,8–15).

Das von Gott gewollte Verhältnis der Geschlechter kommt auf den ersten Seiten der Bibel am besten zum Ausdruck. Von Gottes ursprünglicher Schöpfung her müssen die Aufgaben von Mann und Frau verstanden werden, einschließlich der Stellen des Neuen Testaments, die sich direkt zum Verhalten der Frauen äußern.

Wir werden noch sehen, dass dieser Fokus auf die Schöpfung der kontrovers geführten Diskussion eine befreiende Note verleihen kann.

Meine Roadmap ist folgende: Ich werde den Schöpfungsbericht und den Bericht des Sündenfalls mit Bezug auf das Verhältnis der Geschlechter auslegen (Kapitel 2 und 3).

Danach werden wir uns einen Überblick über das Alte und das Neue Testament verschaffen (Kapitel 4 bis 8), ehe wir uns den sogenannten Problemstellen des Apostels Paulus zuwenden (Kapitel 9 bis 11).

Am Ende der Reise durch die Bibel werden wir uns nochmals der Frage der Auslegung widmen und uns mit dem Verhältnis von Evangelium und Kultur befassen (Kapitel 12 und 13), denn viele evangelikale Christen empfinden die Veränderung der Praxis in der Frauenfrage als Anpassung an den Zeitgeist unserer westlichen Kultur.

Starke Partnerin gesucht

Männer und Frauen sind völlig gleichwertig. Diese grundlegende Erkenntnis muss am Anfang unserer Bemühungen stehen, das Verhältnis der Geschlechter richtig zu verstehen.

Im Schöpfungsbericht wird deutlich, dass Mann und Frau gleichwertig sind. Beide wurden als Abbild Gottes geschaffen. «So schuf Gott den Menschen als sein Ebenbild», heißt es, und dann wird hinzugefügt: «Als Mann und Frau schuf er sie» (1. Mose 1,27; Hfa). Im Mannsein und im Frausein widerspiegelt sich das Wesen Gottes.

Bereits hier wird deutlich, dass die Ergänzung der Geschlechter von grundlegender Wichtigkeit ist. Nur wenn Mann und Frau einander in ihrer Unterschiedlichkeit ergänzen, bringen sie Gottes wunderbares Wesen adäquat zum Ausdruck.

Die Frage: Was darf eine Frau in der christlichen Gemeinde für Funktionen ausüben?, ist eine unfruchtbare Frage. Sie bewegt die Diskussion in eine falsche Richtung. Stellen wir diese Frage zu Beginn unserer Reise, suchen wir beständig nach Antworten auf eine Frage, die in der Bibel so nicht gestellt wird.

Die bessere Frage ist: Wie können Männer und Frauen einander ergänzen, um Gott selbst widerzuspiegeln?

Von der Tatsache her, dass Mann und Frau im Bild Gottes geschaffen wurden, kann es keine Minderbewertung der Frau geben. Es gibt nichts am Frausein, das in irgendeiner Weise einen niedrigeren Wert hätte als das Mannsein. Das zeigt sich auch daran, dass Gott Mann und Frau segnete und ihnen zusammen den Auftrag gab, über die Schöpfung zu herrschen: «Gott segnete sie und sprach zu ihnen: Seid fruchtbar und vermehrt euch, bevölkert die Erde, unterwerft sie euch, und herrscht über die Fische des Meeres, über die Vögel des Himmels und über alle Tiere, die sich auf dem Land regen» (1. Mose 1,28; Hfa). Das ist nach Genesis 1,27 bereits das zweite Mal im Schöpfungsbericht, dass die Ergänzung der Geschlechter vorausgesetzt wird.

Ein drittes Mal wird die Gleichwertigkeit und die Ergänzung der Geschlechter durch die Tatsache zum Ausdruck gebracht, dass die Frau aus der Rippe des Mannes und zu seiner «Hilfe» geschaffen wurde: «Dann sprach Gott, der Herr: Es ist nicht gut, dass der Mensch allein bleibt. Ich will ihm eine Hilfe machen, die ihm entspricht» (1. Mose 2,18; EÜ).

Der Umstand, dass die Frau aus der Rippe des Mannes geschaffen wurde, weist nicht auf ein Unterworfensein hin, sondern auf Ergänzung. Das hebräische Wort für «Hilfe», das hier zur Charakterisierung der Frau verwendet wird, kommt im Alten Testament fast ausschließlich für Gott vor. Es steht dort, wo zum Ausdruck gebracht wird, dass Gott für sein Volk Hilfe und Kraft ist.

So heißt es in Psalm 121,1–2: «Ich schaue hinauf zu den Bergen – woher kann ich Hilfe erwarten? Meine Hilfe kommt vom Herrn, der Himmel und Erde gemacht hat!» (Hfa). Im Segen des Mose heißt es: «Kein Gott gleicht dem Gott, der Israel liebt. Majestätisch fährt er am Himmel dahin und kommt mit den Wolken euch zu Hilfe» (5. Mose 33,26; Hfa).[1]

Gott ist die Hilfe Israels.

Die Frau ist die Hilfe des Mannes.

Wenn das kein starker Vergleich ist!

Konkret: Wenn Gott die Frau zur «Hilfe» des Mannes bestimmt hat und Gott sich im Alten Testament selbst als «Hilfe Israels» bezeichnet, ist zum Ausdruck gebracht, dass die Frau dem Mann als starke Partnerin zur Seite gestellt ist. Mann und Frau sind völlig gleichwertig und aufeinander angewiesen. Nur dadurch ist die Möglichkeit des Ein-Fleisch-Werdens gegeben, von dem 1. Mose 2,24 spricht: «Darum verlässt der Mann Vater und Mutter und bindet sich an seine Frau und sie werden ein Fleisch» (EÜ).

Die Frau ist somit als Ergänzung des Mannes, als starke Partnerin an seiner Seite gedacht und nicht als minderwertige «Gehilfin». Eine starke Partnerin – dieses Bild sollten wir uns einprägen, denn es lässt so manche Bibelstelle über die Frau in einem hellen Licht erscheinen.

Gleichwertig ist nicht gleichartig

Gleichwertigkeit bedeutet nicht Gleichartigkeit. Obwohl Mann und Frau völlig gleich an Würde und Wert sind, unterscheiden sie sich in ihrem Wesen.

Das zeigt sich in der bereits erwähnten Tatsache, dass die Frau als Hilfe für den Mann geschaffen wurde, «die ihm entspricht» (1. Mose 2,18; ELB). Die Frau gleicht die Hilfsbedürftigkeit des Mannes aus, während sie den Mann braucht, um die Stärken ihrer Weiblichkeit zum Tragen zu bringen. Mann und Frau stehen in einem sich ergänzenden Verhältnis, das nicht auf Konkurrenz, sondern auf Bereicherung angelegt ist.

Lesen wir die Bibel mit der Frage, wie die Frau den Mann ergänzen und bereichern kann, dann werden die Antworten, die wir finden, andere sein, als wenn wir fragen, was die Frau darf und was nicht.

Leider wird die Frau nicht selten als Konkurrenz zum Mann wahrgenommen, vor allem wenn es sich um begabte Frauen mit der Gabe der Leiterschaft handelt. Das Verhältnis zwischen den Geschlechtern könnte sich in unseren Gemeinden merklich entspannen, wenn die Andersartigkeit der Frau als Bereicherung willkommen geheißen würde. Das könnte zu starken, ausgewogenen und effektiven Leitungsteams führen, die ihre Arbeit mit Leidenschaft und Umsicht erfüllen.

Der Schöpfungsbericht macht deutlich, dass Mann und Frau einen unterschiedlichen Weltbezug haben. Der Mann ist aus dem Ackerboden geschaffen und bearbeitet diesen (1. Mose 2,15; 3,17–19). Die Frau ist aus der Rippe des Mannes geschaffen (1. Mose 2,21–22), mit dem Ziel, Partnerin des Mannes und Mutter zu sein (1. Mose 3,16).

Die Worte des Theologen Werner Neuer drücken den unterschiedlichen Weltbezug von Mann und Frau treffend aus: «Der Mann hat ein engeres Verhältnis zur Welt der Sachen (und Sachverhalte), während die Frau eine engere Beziehung zur Welt der Personen besitzt. [...] Der größere Sachbezug des Mannes befähigt ihn in besonderer Weise zur Weltkenntnis und zur Weltgestaltung, der größere Personenweltbezug der Frau prädestiniert sie geradezu für die Aufgabe, Gefährtin des Mannes und Mutter zu sein.»[2]

Mann und Frau spielen also nicht bloß anerzogene Rollen, die durch gesellschaftliche Prägungen zustande kommen, obschon dieser Umstand nicht völlig von der Hand zu weisen ist. Wenn man den Schöpfungsbericht als Offenbarung Gottes ernst nimmt, wird deutlich, dass Mann und Frau in ihrer Art unterschiedlich sind und sich entsprechend dieser von Gott gewollten Unterschiedlichkeit ihre je eigenen Rollen ergeben.

Gleichwertigkeit, Unterschiedlichkeit, Ergänzung – das ist das Bild, welches der Schöpfungsbericht in großzügigen Pinselstrichen von Mann und Frau malt.

Unterordnung der Frau?

Das Wort «Unterordnung» wird meistens im Zusammenhang mit dem Verhältnis der Frau zum Mann gebraucht. Leider hat dieses Wort eine über weite Strecken unrühmliche Geschichte. Dennoch entscheide ich mich, es zu gebrauchen, weil es in der Diskussion eine wichtige Rolle spielt.

Wenn es die «Unterordnung» der Frau gibt, dann gibt es auch die «Überordnung» des Mannes. Beide Worte weisen keine große Strahlkraft auf. Sie sind Zeugen dafür, dass wir das Verhältnis der Geschlechter immer noch stark als eine Sache von Konkurrenz wahrnehmen.

Entscheidend wichtig für unser Thema ist die Frage, ob aus dem Schöpfungsbericht eine «Überordnung» des Mannes herausgelesen werden kann. Gibt es Aussagen auf den ersten Seiten der Bibel, die darauf hindeuten, dass der Mann über die Frau gestellt und ihm mehr Verantwortung aufgetragen ist?

Es ist evangelikales Allgemeingut, dass der Mann von der Schöpfung her die Aufgabe der Führung hat. Aber worauf gründet diese Überzeugung genau?

Zunächst können wir feststellen, dass der Begriff «Unterordnung» im Schöpfungsbericht keine Verwendung findet. Der Gedanke der Unterordnung der Frau oder der Überordnung des Mannes ist nicht zentral in diesen ersten Kapiteln der Bibel.

Außerdem lassen sich zwei im Schöpfungsbericht erwähnte Umstände *nicht* als Überordnung des Mannes deuten:

Da ist zum einen der Umstand, dass die Frau aus der Rippe des Mannes geschaffen wurde. Das zielt nicht auf die Unterordnung der Frau, sondern will ihre Gleichwertigkeit herausstreichen, wie im Buch *Ohne Unterschied?* erläutert wird: «Die Tatsache, dass die Frau aus dem Mann erschaffen wurde, macht sie ebenso wenig zu seiner Untertanin, wie die Tatsache, dass der Mann aus der Erde erschaffen wurde, ihn zum Untertan der Erde macht. Vielmehr zeigt der Text auf, dass der Kern ihrer Identität identisch mit der des Mannes ist und sich keineswegs von ihm unterscheidet.»[3]

Zum andern ist die Namensgebung der Frau durch den Mann ebenfalls kein Argument für die Überordnung des Mannes. Namensgebung ist in der Bibel ein Herrschaftsakt. Adam benannte die Tiere und übte damit seine ihm von Gott verliehene Herrschaft über die Tiere aus. Adam gab auch seiner Frau einen Namen, Eva, aber diese Namensnennung erfolgte erst *nach* dem

Sündenfall (1. Mose 3,20). Dieser Akt kann deshalb kaum als in der Schöpfung angelegte Überordnung des Mannes ausgelegt werden.

Das zeigt sich auch in einem Wortspiel im Schöpfungsbericht. Als Gott Eva zu Adam brachte, reagierte dieser begeistert: «Und der Mensch sprach: Das endlich ist Bein von meinem Bein und Fleisch von meinem Fleisch. Frau soll sie heißen, denn vom Mann ist sie genommen» (1. Mose 2,23; EÜ). Im Hebräischen steht an dieser Stelle das Wort *isch* für Mann und *ischah* für Frau, was Luther mit der Übersetzung «Mann» und «Männin» wiedergab.

In dieser Benennung geht es nicht um Unterordnung, sondern um Wesensverwandtschaft und Ergänzung. Adam erkennt Eva als echte Ergänzung, die in jeder Hinsicht zu ihm passt. Das Wortspiel will keine Rangordnung andeuten, sondern Ähnlichkeit zum Ausdruck bringen. Sinngemäß richtig übersetzt die Gute-Nachricht-Bibel denn auch: «Der freute sich und rief: ‹Endlich! Sie ist's! Eine wie ich! Sie gehört zu mir, denn von mir ist sie genommen›» (1. Mose 2,23).

Neben den Aussagen, die auf die Gleichheit von Mann und Frau hinweisen, findet sich im Schöpfungsbericht ein Umstand, der in der Bibel als «Überordnung des Mannes» gedeutet wird. Es ist die schlichte Tatsache, dass der Mann *zuerst* geschaffen wurde. Was zuerst ist, hat in der Bibel eine Vorrangstellung und eine besondere Verantwortung. Es ist Gottes Art, gewissen Dingen oder Personen eine besondere Stellung zu geben, die mit bestimmten Rechten und Pflichten verbunden ist. So bekam der Erstgeborene in Israel einen besonderen Segen und eine besondere Verantwortung. Der Umstand, dass der Mann zuerst geschaffen wurde, legt ihm die Verantwortung der Führung auf.

Vielleicht fragen Sie nun, woher diese Deutung ihre Berechtigung habe, da doch im Schöpfungsbericht keine solche Interpretation vorgenommen wird. Fragen wie diese sind wichtig, damit wir uns darüber Rechenschaft geben, ob wir eine Aussage der Bibel nach eigenem Empfinden interpretieren oder ob unsere Interpretation biblisch begründet ist.

Hier kommt der Grundsatz zum Tragen, dass die Bibel mit der Bibel auszulegen ist. Es kann dabei nicht darum gehen, bestimmte Bibelstellen in den Vordergrund zu rücken und den Eindruck zu erwecken, mit ihnen sei alles Wesentliche zum Thema gesagt. Wir müssen vielmehr einen Schritt zurück tun, wie ein Maler, der die Leinwand vor sich betrachtet und versucht, einen Gesamteindruck des unfertigen Bildes zu bekommen. Konkret: Wir müssen nach der Stellung des Mannes im Alten und im Neuen Testament fragen und darauf achten, ob dort der Tatsache, dass der Mann zuerst geschaffen wurde, irgendwelche Bedeutung zugemessen wird.

Dabei zeigt sich, dass die Vorrangstellung des Mannes im Alten Testament über weite Strecken vorausgesetzt und nicht näher begründet wird. Sie ist einfach Tatsache und entspricht der orientalischen Kultur, in welcher die Bibel entstand.

Diese Linie setzt sich im Neuen Testament fort. Der Gedanke der «Überordnung» des Mannes wird vom Apostel Paulus aufgenommen und damit begründet, dass der Mann *zuerst* geschaffen wurde. Gemäß Paulus ist die Frau *vom* Mann (1. Korinther 11,8), *für* den Mann (1. Korinther 11,9) und *nach* dem Mann (1. Timotheus 2,13) geschaffen. Dem Mann ist demnach grundsätzlich Führung und Verantwortung übertragen.

Man kann eine solche Aussage kaum machen, ohne eine ganze Lawine patriarchalischer Gedanken loszutreten. Dennoch ist der Gedanke wichtig, und wir werden ihn später genauer erklären müssen, wenn wir das ganze Bild vor uns haben – zumal männliche Führung nicht automatisch weibliche Minderbewertung bedeuten muss.

Noch einmal ist, von der Schöpfung ausgehend, zu betonen: Die Frau ist dem Mann als Partnerin zur Seite gestellt und ergänzt ihn. In der gegenseitigen Wertschätzung und Entsprechung wird das Bild Gottes in ihnen erkennbar.

Dieses Bild ist wunderschön.

Es ist bedauerlich, dass das Verhältnis der Geschlechter fast ausschließlich auf der Linie Überordnung/Unterordnung behandelt wird. Damit wird das göttliche Bild verzerrt. Dies ist nicht nur bedauerlich und einem guten Miteinander von Mann und Frau abträglich, es ist schlicht nicht biblisch, weil es der Frage der Dominanz zu viel Gewicht gibt.

Der Schöpfungsbericht enthält nur implizite Hinweise auf die Unterordnung der Frau. Dafür wird mehrmals der Gedanke der Gleichwertigkeit und der Ergänzung entfaltet. Die Frau entspricht dem Mann, darum freut er sich, als sie zu ihm gebracht wird. Der Mann ist nicht mehr allein, findet mit der Frau also zu einer tiefen Gemeinschaft. Und der Mann hat eine starke Partnerin an seiner Seite, die ihm als Hilfe und Entsprechung gedacht ist.

Auf diese Aspekte müsste mehr Gewicht gelegt werden, damit Männer und Frauen im Reich Gottes ihre von Gott zugedachten Aufgaben wahrnehmen können. Dann würde weniger die Frage im Vordergrund stehen, was die Frau darf und was nicht, sondern wir würden vermehrt fragen, wie Männer und Frauen ihr volles schöpferisches Potenzial zur Ehre Gottes einsetzen könnten. Die Kultivierung einer solchen Herzenshaltung wäre äußerst wünschenswert. Denn so würden die Stimmen der Frauen gehört. Ihr Beitrag wäre auf allen Ebenen erwünscht, und alle würden einen Gewinn davontragen.

Kapitel 3
Dornen, Disteln, Dominanz

Gott schuf Mann und Frau als gleichwertige, aber unterschiedliche Wesen, die einander ergänzen. Zusammen wurden sie beauftragt, über die Schöpfung zu herrschen und sie zu erforschen. Nur zusammen konnten sie Gottes Herrlichkeit widerspiegeln.

Das Wort «zusammen» ist hier ganz wichtig.

Die Frau brauchte den Mann als starken Helden, der die Wildnis eroberte, und der Mann brauchte die Frau als starke Partnerin an seiner Seite, die ihm die Welt der Personen erschloss.

So weit, so gut.

Aber dann ereignete sich der Sündenfall.

Und der änderte alles.

Das Wort «Sündenfall» existiert in der Bibel nicht. Eigentlich handelt es sich mehr um die Geschichte eines Verlusts als diejenige eines Falls.[4] Adam und Eva verloren ihre Unschuld sowie die intakte Beziehung zu Gott. Und das wunderbare Bild von der Ergänzung der Geschlechter ging verloren.

Vielleicht wäre es besser, vom «großen Verlust» zu reden, weil wir so erinnert würden, dass es auf den ersten Seiten der Bibel eine Harmonie zwischen den Geschlechtern gab. Und wir würden uns vielleicht auch daran erinnern, dass Gottes Heil die Wiederherstellung alles Geschaffenen zum Ziel hat. Es würde uns helfen, dieses wunderbare Bild vor Augen zu halten, und möglicherweise würde das den Umgang mit unserem Thema leichter machen. Doch da der Begriff «Sündenfall» nun mal existiert, werde ich ihn verwenden.

Mit dem Sündenfall kam es zu einer tiefgreifenden Störung des Verhältnisses der Geschlechter. Eva ließ sich von der Schlange zur Übertretung des Gebotes Gottes verführen, und Adam, der sich in der ganzen Sache merkwürdig passiv verhielt, machte es ihr nach. Damit wurde das Verhältnis der Geschlechter nachhaltig gestört.

Die Folgen des Sündenfalls auf das Verhältnis von Mann und Frau können nicht stark genug hervorgehoben werden. Dabei ist es wichtig, zwischen dem Verhältnis der Geschlechter in der ursprünglichen Schöpfung (wie es von Gott gewollt ist) und im Sündenfall (der die von Gott gewollte Ordnung störte) zu unterscheiden.

Teuflische Auswirkungen

Die Auswirkungen des Sündenfalls sind vielfältig und tragisch. Sie betreffen nicht nur das Verhältnis der Geschlechter, sondern treffen Mann und Frau in ihrem Mannsein und ihrem Frausein hart und nachhaltig.

Zuerst ist von der Feindschaft der Schlange gegen die Frau die

Rede. Hinter der Schlange steht Satan, der Urheber des Sündenfalls und Widersacher Gottes. Gott sprach: «Feindschaft setze ich zwischen dich und die Frau, zwischen deinen Nachwuchs und ihren Nachwuchs. Er trifft dich am Kopf, und du triffst ihn an der Ferse» (1. Mose 3,15; EÜ).

Es besteht also eine besondere Feindschaft Satans gegen die Frau. Diese ist keineswegs nur eine kleine Auseinandersetzung. Es handelt sich um einen Zwist auf Leben und Tod. Die Folgen der Feindschaft Satans gegen die Frau sind keine Gedankenspielereien. Ein Blick in die Leidensgeschichte der Frau zeigt dies sehr deutlich.

Die Frau ist weitaus größerem Leid ausgesetzt als der Mann. Etwa drei Millionen Frauen sterben jährlich durch geschlechtsspezifische Gewalt. Frauen sind im Durchschnitt schlechter gebildet und werden häufiger ausgebeutet als Männer. Durch die Beschneidung werden jährlich unzählige Frauen verstümmelt. Viele Frauen sterben an dem unbarmherzigen Ritual oder leiden ein Leben lang an Schmerzen beim Geschlechtsverkehr und bei der Geburt. In ihrer ureigenen Aufgabe – der Mutterschaft – sind sie stigmatisiert und schwer getroffen.

Wenn das nicht teuflisch ist!

Die Fakten sprechen eine klare Sprache. Frauen sind die Zielscheibe des Widersachers. Bis zur anbrechenden Postmoderne in der Mitte des 20. Jahrhunderts wurde der niedere Status der Frau nicht ernsthaft in Frage gestellt. Im Gegenteil: Er wurde mit religiösen Argumenten gar zementiert. Die Kirche trägt eine historische Mitschuld am Leid der Frauen. Es waren die Frauenrechtlerinnen und die politische Linke, die den Frauen zu Rechten verhalfen, die wir heute alle für selbstverständlich erachten.

Wo war die Kirche?

Wo waren wir sogenannten Bibeltreuen?

Warum haben wir uns nicht für die Befreiung der Frau eingesetzt oder wenigstens Schritte unternommen, um ihnen ein Stück der Würde zurückzugeben, die ihnen als Abbild Gottes zusteht?

Es scheint, dass der Hass Satans gegen die Frau damit zu tun hat, dass sie ihn durch die Geburt des Erlösers vernichtend schlägt. Der Nachwuchs der Frau trifft die Schlange «am Kopf» (fügt ihr also eine tödliche Wunde bei), während die Schlange den Nachwuchs der Frau «an der Ferse» trifft (ihn also bekämpft, aber nicht besiegt). Damit ist in prophetischer Verhüllung darauf hingewiesen, dass Jesus Christus Satan den Kopf zertritt und die Werke des Teufels zerstört (1. Johannes 3,8).

Dann ist die Rede vom Fluch, der den Mann trifft. Gott sprach: «Weil du auf deine Frau gehört und von dem Baum gegessen hast, von dem zu essen ich dir verboten hatte: So ist verflucht der Ackerboden deinetwegen. Unter Mühsal wirst du von ihm essen alle Tage deines Lebens» (1. Mose 3,17; EÜ).

In diesem Zusammenhang ist von Dornen und Disteln die Rede, die dem Mann bei seiner Arbeit zu schaffen machen, und davon, dass er sein Auskommen im Schweiße seines Angesichts erarbeiten muss. «Dornen und Disteln lässt er dir wachsen und die Pflanzen des Feldes musst du essen. Im Schweiße deines Angesichts sollst du dein Brot essen, bis du zurückkehrst zum

Ackerboden; von ihm bist du ja genommen. Denn Staub bist du, zum Staub musst du zurück» (1. Mose 3,18–19; EÜ).

Der Sündenfall hat dort die stärksten Auswirkungen, wo der Mann am verwundbarsten ist – bei seiner Arbeit. Der Mann hat einen besonderen Bezug zur Welt der Sachen und zum Ackerboden. Der Fluch trifft den Mann ebenfalls in seinem ureigenen Lebensbereich. Die Arbeit, die ihm so wichtig ist und ihm Würde verleiht (fragen Sie einen Mann, der seinen Job verloren hat), wird für ihn zur Mühsal.

Und zwischen diesen fürchterlichen Folgen für Frau und Mann wird in einem prägnanten Satz festgehalten, wie der Sündenfall das ursprünglich gute Verhältnis der Geschlechter vergiftet. Gott sprach zur Frau: «Nach deinem Mann wird dein Verlangen sein, er aber wird über dich herrschen» (1. Mose 3,16; ELB).

Es lohnt sich, genauer nach der Bedeutung dieser Ansage zu fragen, denn ihre Bedeutung bestimmt unser Verständnis vom Verhältnis der Geschlechter nachhaltig.

Bedeutet das Verlangen der Frau, dass sie versucht, über den Mann zu herrschen?

Oder ist damit die Sehnsucht der Frau nach Gemeinschaft und Schutz zum Ausdruck gebracht?

Obwohl sprachlich beides möglich ist, glaube ich, dass hier nicht die Frau in der Kritik steht, sondern der Mann. Die Strafe für die Frau besteht darin, dass sie, die ihr tiefstes Verlangen in der Beziehung zum Mann zu stillen sucht (was gemäß der Schöpfung ist), vom Mann missbraucht und beherrscht wird (was eine Folge des Sündenfalls ist).

Denken Sie nur an die Beherrschung der Frau durch den Mann, die über die Jahrhunderte bestand und noch heute in vielen Kulturen gegeben ist! Weltweit werden Frauen öfter durch männliche Gewalt getötet als etwa durch Krebs, Krieg und Verkehrsunfälle. Jede fünfte Frau wird in ihrem Leben einmal zum Opfer einer Vergewaltigung oder einer versuchten Vergewaltigung. Die Statistiken sprechen eine schreckliche Sprache. Und hinter jeder Zahl steht ein Mann, der die Frau beherrscht, und eine Frau mit einem enttäuschten Verlangen.

Damit sollte Folgendes klar sein:

Wenn der Bibeltext sagt, dass der Mann über die Frau herrschen wird, ist das keine göttliche Verordnung, sondern es werden lediglich die Folgen des Sündenfalls beschrieben. Es gibt keine biblische Legitimation dafür, dass Männer Frauen beherrschen.

Vor dem Sündenfall waren Mann und Frau «ein Fleisch» (1. Mose 2,24). Erst durch den Sündenfall wurde die Beziehung Mann/Frau zu einer autoritären Beziehung, weil erst jetzt die Elemente Dominanz und Unterwerfung in sie eindringen konnten. Aus dem Miteinander wurde ein Mühsalsverhältnis.

Der Sündenfall war der frühe Punkt in der Geschichte, an dem wir die Ergänzung der Geschlechter aus den Augen verloren und in den Kategorien von Dominanz und Unterwerfung zu denken begannen. Diese falsche Denkweise muss überwunden werden, und die christliche Gemeinde sollte der erste Ort sein, wo ernsthafte Versuche in diese Richtung unternommen werden.

Leider hat sich die christliche Gemeinde in dieser Hinsicht nicht hervorgetan. Sie war lange Zeit ein Hort traditionalistischer Vorstellungen und die Verfechterin patriarchalischer Denkweisen. Dieses Denken gilt es zu überwinden, um das zerbrochene Bild wiederherzustellen.

Echte Männer

Wir Männer sind seit dem Sündenfall ein echtes Problem! Wir haben auch danach immer noch die Aufgabe der Führung, aber wir missbrauchen sie jetzt zur Unterdrückung der Frau. Wir verlieren ihre Gleichwertigkeit, ihre Schutzbedürftigkeit und den Segen der Ergänzung durch ihre Andersartigkeit aus den Augen und dominieren sie.

Leider ist das ein wesentlicher Teil unserer Geschichte. Es stünde uns Männern gut an, dieses lange und dunkle Kapitel unserer Geschichte heller zu gestalten und besonders in dieser Hinsicht Verantwortung zu übernehmen und ein Neues zu pflügen.

In einem gewissen Sinn bedeutet der Sündenfall die Umkehrung der Schöpfungsordnung. Gott stand über dem Mann, den er als Ersten geschaffen hatte. Der Mann stand als Verantwortlicher und Beschützer über der Frau, die aus ihm erschaffen wurde. Und die Frau, zusammen mit dem Mann, stand über dem Tier, zu dessen Beherrschung sie bestimmt waren. Diese göttliche Ordnung Gott – Mann – Frau – Tier wurde umgekehrt in Tier – Frau – Mann – Gott.

Im Sündenfall wird deutlich: Wir Männer neigen dazu, unsere Frauen zu dominieren, aber wir stehlen uns gerne aus der Verantwortung.

Adam nahm seine Führungsverantwortung nicht wahr und wies die Schuld der Frau zu. Die Schuld des Mannes am Sündenfall bestand insbesondere darin, dass er sich weigerte, Verantwortung zu tragen. Er stand dabei (oder versteckte sich irgendwo) und tat – nichts. Es war Eva, die angegriffen wurde und die Entscheidung zu fällen hatte. Adam fiel durch Abwesenheit und Passivität auf. Das ist bis heute der besondere Makel der Männer.

Im Neuen Testament werden sowohl Adam als auch Eva ihre besondere Rolle im Sündenfall zugeschrieben.

Der Apostel Paulus bezeichnet Adam als denjenigen, durch den die Sünde in die Welt kam (Römer 5,12–20), und macht damit ihn für den Sündenfall verantwortlich. Adam hatte in seiner Führungsaufgabe versagt und die Entscheidung Eva überlassen.

Eva hingegen wird die Rolle der Verführten zugeschrieben (1. Timotheus 2,14).

Wir haben es in beiden Fällen mit einer tiefgehenden Deutung des Geschehens des Sündenfalls zu tun. Die besondere Gefahr, welcher der Mann ausgesetzt ist, ist sein Hang zur Passivität. Die Gefahr der Frau besteht vor allem in ihrer religiösen Empfänglichkeit und damit in ihrer Verführbarkeit, wie viele ältere und jüngere Ausleger bemerken.[5] Daraus ergibt sich eine besondere Schutzbedürftigkeit der Frau, durch die dem Mann die Aufgabe zufällt, seiner Familie vorzustehen und sie zu segnen und zu schützen.

Es geht um sehr viel

Dass wir Männer brauchen, die ihre Frauen segnen und schützen – das hat nichts mit weiblicher Minderbewertung zu tun. Es geht schlicht um eine Aufgabenverteilung und nicht um eine Rangliste. Leider ist aber genau das Teil unserer Geschichte. Und in dieser Geschichte steht viel auf dem Spiel.

Es geht nicht nur um die Befreiung der Frau.

Es geht ebenso um Gott.

Genauer gesagt: Es geht darum, welchem Gott wir Christen dienen.

Dienen wir einem Gott, der Männer auf das Podest stellt und den Frauen die hinteren Plätze überlässt?

Glauben wir an einen Gott, der eine Schöpfungsordnung errichtet hat, in der Frauen geschlagen werden und benachteiligt werden dürfen?

Erwartet dieser Gott von den Frauen, dass sie sich nicht gegen männliche Dominanz zur Wehr setzen, sondern sich unterordnen?

Viele denkende Menschen, welche die Kirche beobachten, würden diese Fragen mit Ja beantworten. Wir können ihnen deswegen nicht einmal einen Vorwurf machen. Vielleicht sehen diese Leute mit etwas Abstand schärfer als wir und kritisieren uns nicht zu Unrecht.

Was für ein Bild von Gott haben wir da gezeichnet?

Ist es das Bild eines gerechten Gottes? Oder das Bild eines Gottes, der zwei menschliche Geschöpfe in die Welt setzt und das eine bevorzugt und damit zum wertvolleren der beiden macht?

Ist es das Bild eines Gottes, der seinen Geschöpfen das Vorrecht gibt, die Schöpfung zu seiner Ehre auszugestalten? Oder das Bild eines Gottes, der Männern und Frauen Gaben gibt, aber nur den Männern erlaubt, alle diese Gaben auch zu gebrauchen? Was für einen Sinn soll das machen?

Weshalb sollte Gott sich in Widerspruch zu seinem eigenen Schöpfungshandeln setzen, das doch sehr gut war?

Es ist kein Wunder, dass es Menschen gibt, die mit diesem Gott nichts zu tun haben wollen. Da können wir unsere Gemeinde attraktiv und einladend gestalten, und es hilft doch nichts. Vielleicht lehnen einige dieser Leute gar nicht Gott ab, sondern nur das Bild von ihm, das wir ihnen vor Augen malen.

Es steht viel auf dem Spiel.

Kapitel 4
Scheidung per SMS

Das Alte Testament hält in Sachen Frauen und Männer so manche Überraschung bereit. Dass der Mann die Frau dominiert, ist keine Überraschung. Aber dann tauchen aus der dunklen Geschichte einige helle Frauengestalten auf und erinnern uns an das wunderschöne Bild, wie es am Anfang war:

Mirjam tanzt vor dem Volk.

Hulda wird zur Prophetin.

Debora leitet eine ganze Nation.

Und niemand stört sich daran.

Im Alten Testament werden drei Dinge deutlich, die ich in diesem Kapitel ausführen möchte:

Erstens zeigt sich, dass der Mann der Familie vorsteht und die Hauptverantwortung für sie trägt. Darin wird der Umstand deutlich, dass der Mann von Gott in die Verantwortung für seine Familie genommen wird.

Zweitens zeigt sich im Alten Testament, dass die Führungsaufgabe des Mannes nicht a priori eine leitende Funktion der Frau ausschließt. Es gibt Frauen im Alten Testament, die wichtige leitende Funktionen einnahmen und geistliche

Berufungen hatten; Frauen, die den Männern ebenbürtig waren.

Drittens zeigt sich, dass die Dominanz des Mannes, wie sie von Gott nach dem Sündenfall angekündigt wurde, eine Realität ist. Aus diesem Grund gibt es Fälle im Alten Testament, in denen sich Gott auf die Seite der Frau stellt und sie durch entsprechende Gesetze schützt. Hier zeigt sich ein Grundzug des Wesens Gottes, nämlich dass er sich der Schwachen und Ausgebeuteten annimmt und eine besondere Vorliebe für sie hat.

Gott schützt die Frauen

Im Alten Testament genoss die Frau eine beträchtliche Würdestellung als Mutter und Mitversorgerin der Familie. Der Wert, der ihr zugemessen wurde, lag weniger in ihrem Frausein und mehr in ihrer Rolle als Mutter und Mitversorgerin. Dieser Makel zieht sich durch das ganze Alte Testament. Offenbar erkannte man im alten Israel den Wert der Frau nicht in vollem Maß. Nahm eine Frau jedoch ihre Stellung in der israelitischen Gesellschaft ein, wurde sie mit beträchtlicher Ehre versehen, was vor allem dann der Fall war, wenn sie die Mutter vieler Söhne war.

Es war selbstverständlich, dass sich die Frau dem Mann unterordnete. Die Unterordnung der Frau kam unter anderem dadurch zum Ausdruck, dass die Frau ihren Ehemann mit «Herr» anredete.

Die Frau war der Besitz des Mannes. Das zeigt sich darin, dass der Mann sich von der Frau scheiden lassen oder einen Prozess wegen Ehebruchs gegen sie anstreben konnte, während der Frau dies verwehrt war. Das mag im Zeitalter der Gleichberechtigung als Unerhörtheit empfunden werden, doch darf nicht vergessen gehen, dass das Besitzrecht des Mannes relativ war. Das absolute Verfügungsrecht des Mannes über die Frau, wie es heute noch in traditionellen islamischen Gesellschaften praktiziert wird, kannte man im alten Israel nicht. Das zeigt sich im mosaischen Scheidungsrecht. In 5. Mose 24,1–4, einer Schlüsselstelle über die Schutzwürdigkeit der Frau, heißt es:

> «Wenn ein Mann eine Frau geheiratet hat und ihr Ehemann geworden ist, sie ihm dann aber nicht gefällt, weil er an ihr etwas Anstößiges entdeckt, wenn er ihr dann eine Scheidungsurkunde ausstellt, sie ihr übergibt und sie aus seinem Haus fortschickt, wenn sie sein Haus dann verlässt, hingeht und die Frau eines anderen Mannes wird, wenn auch der andere Mann sie nicht mehr liebt, ihr eine Scheidungsurkunde ausstellt, sie ihr übergibt und sie aus seinem Haus fortschickt, oder wenn der andere Mann, der sie geheiratet hat, stirbt, dann darf sie ihr erster Mann, der sie fortgeschickt hat, nicht wieder heiraten, so dass sie wieder seine Frau würde, nachdem sie für ihn unberührbar geworden ist. Das wäre dem Herrn ein Gräuel. Du sollst das Land, das der Herr, dein Gott, dir als Erbbesitz gibt, nicht der Sünde verfallen lassen» (EÜ).

Dies ist ein äußerst bemerkenswerter Text über die Stellung der Frau in der israelitischen Gesellschaft. Es ist der einzige Text des

Alten Testaments, der Scheidung und Wiederheirat regelt. Dabei muss beachtet werden, dass beides weder empfohlen noch gutgeheißen wird. Der Text regelt Scheidung und Wiederheirat, weil sie gegen den Willen Gottes bereits stattfanden. Das Gesetz wurde erlassen, als die zweite Generation des Auszugs nach fast vierzig Jahren Wüstenwanderung vor dem gelobten Land stand. Die Regelung von 5. Mose 24 entspricht nicht dem ursprünglichen Schöpfungswillen Gottes, sondern ist eine Maßnahme, um die üblen Folgen der Scheidungen auf ein Minimum zu reduzieren. Das Ziel der Maßnahme war der Schutz der Frau, wie deutlich aus dem Text hervorgeht.

Der Text entspricht dem sogenannten «Fallrecht». Es wird ein konkreter Fall beschrieben und Gottes zurechtbringende Ordnung verkündet, die besagt, was im entsprechenden Fall zu tun ist. Das zeigt sich sprachlich an den Worten «wenn» und «dann». «Wenn ein Mann eine Frau geheiratet hat …» (damit wird der Fall beschrieben), «dann darf er …» (damit wird die von Gott verordnete Maßnahme beschrieben).

In arabischen Ländern lassen sich Männer immer häufiger per SMS scheiden. «Ich verstoße dich, ich verstoße dich, ich verstoße dich» – das sind die magischen Worte, die eine arabische Frau (sofern sie ein Handy besitzt) jederzeit treffen und ihre Welt völlig auf den Kopf stellen können.

Ungefähr so müssen wir uns die Situation im alten Israel vorstellen. Aus 5. Mose 24 kann rückgeschlossen werden, dass die israelitischen Männer ihre Frauen ohne schriftliche Scheidungsurkunde aus der Ehe entließen. Die Frau wurde buchstäblich aus dem Haus gejagt. Ein Mann brauchte seiner Frau nur zu sagen, dass sie nicht länger seine Ehefrau war, und konnte sie dann fortschicken. Damit war die Scheidung vollzogen. Ohne Angabe von Gründen, ohne Abfindung und ohne finanzielle Sicherheit.

Schreiendes Unrecht!, wollen wir da rufen und liegen damit genau richtig. Die Frau war der Willkür des Mannes ausgeliefert, der sein Besitzrecht über sie als absolut verstand. Ein Mann verfügte über seine Frau wie über einen Gegenstand oder ein Tier in seiner Herde.

Aber diese Männer hatten die Rechnung ohne den Wirt gemacht! Gott setzte der männlichen Willkür mit 5. Mose 24,1–4 ein relatives Besitzrecht entgegen, mit dem Ziel, die Frau zu schützen. Das war eine dringende Notwendigkeit, denn wenn eine Frau willkürlich aus der Ehe entlassen wurde, blieben ihr nur wenige Möglichkeiten offen, und keine davon war wirklich angenehm.

Sie konnte unter Umständen in das Elternhaus zurückkehren, doch das war in der Regel mit der Verachtung verbunden, eine verschmähte Ehefrau zu sein.

Manche Frauen werden sich durch Prostitution über Wasser gehalten haben, was die schlechteste aller Möglichkeiten war.

In den meisten Fällen war die Geschiedene gezwungen, die Frau eines anderen Mannes zu werden, um wieder ein Dach über dem Kopf zu haben. Doch auch dieser Mann konnte sie jederzeit wieder entlassen. Das ist genau die Situation, die 5. Mose 24 als untragbar anprangert und neu regelt. Aus dem Wortlaut ist ersichtlich, dass die Männer es sich leicht machten, eine Frau zu nehmen und sie wieder zu entlassen. Der Text zielt im Besonderen darauf ab, zu verhindern, dass der Mann, der seine

Frau davonjagte, sie nicht wieder zurückholen konnte. Oft blieb den Frauen aus wirtschaftlicher Not nichts anderes übrig, als wieder an den Ort ihrer Kränkung zurückzukehren. Gegen diesen stoßenden Umstand, der die Frau zu einer Ware degradierte, tritt dieses Gebot an.

Was regelt der Text genau?

Zum einen den Scheidungsgrund. Die Frau durfte vom Mann nur entlassen werden, wenn er an ihr «etwas Anstößiges» entdeckte. Der hebräische Begriff *erwath dabar*, der hier Verwendung findet, bedeutet wörtlich «Nacktheit einer Sache». *Erwath* wird in der Bibel meist (1. Mose 9,22.23; 3. Mose 18; 20,11.17.20 u. a.) als Ausdruck für die geschlechtliche Blöße verwendet. Das lässt darauf schließen, dass mit dem Anstößigen Ehebruch oder eine andere sexuelle Verfehlung gemeint war, die Schande auf den Mann brachte. Was immer der Ausdruck einschloss – Gott setzte die Hürde für eine Scheidung hoch an. Die Zerrüttung als Scheidungsgrund gab es nicht. Damit sollte die Frau als der gesellschaftlich verwundbarere Teil geschützt werden.

Zum anderen regelt der Text die Wiederheirat. Es wird davon ausgegangen, dass eine Frau, die entlassen wurde, wieder heiratete. Dafür werden, wie ich ausgeführt habe, vor allem wirtschaftliche Gründe verantwortlich gewesen sein. Deshalb redet der Text ganz selbstverständlich davon, dass die Geschiedene «die Frau eines anderen wird». Wenn nun auch der zweite Ehemann die Frau entließ, durfte der erste Ehemann sie nicht wieder zurückholen. Damit wurde der Willkür ein Riegel vorgeschoben und die Ausbeutung der Frau erschwert. Die Frau durfte nicht wie ein Gebrauchsgegenstand hin und her geschubst werden.

Ein weiterer Umstand muss berücksichtigt werden: Es entsprach zwar nicht dem Willen Gottes, dass Scheidung und Wiederheirat überhaupt stattfanden, aber Gott erlaubte beides, weil es inmitten menschlichen Versagens Regelungen geben musste, damit die gesellschaftliche Ordnung aufrechterhalten werden konnte. Gott erachtete die Frau, die zum zweiten Mal heiratete, nicht als Ehebrecherin. Sie wird als rechtmäßige Ehefrau ihres zweiten Mannes bezeichnet.

Dieser Text ist ein starkes Indiz dafür, dass die rechtmäßige Scheidung das Recht auf Wiederheirat einschloss. Keine Frage, dass dies nicht dem göttlichen Ideal entsprach. Doch es geht bei dieser Regelung um Menschen, und Menschen sind in Gottes Augen wertvoll – so wertvoll, dass Gott ihnen Regelungen gibt, die es ihnen ermöglichen, neu zu beginnen, wenn sie vor den Trümmern und Bruchstücken ihres Lebens stehen.

Hier zeigt sich ein gerechter Gott; einer, der Partei ergreift für die Schwachen und Ausgebeuteten. Hier ist ein lebensbejahender Gott, welcher der männlichen Dominanz entgegentritt und Männern und Frauen die Teilhabe am Leben möglich macht.

Die eigentliche Überraschung ist der pragmatische Charakter der Anordnung von 5. Mose 24,1–4.

Pragmatismus in der Bibel?

Ja, tatsächlich!

Es wird nicht versucht, unter allen Umständen ein Ideal durchzusetzen, sondern es wird eine Eindämmung eines bereits geschehenen Übels vorgenommen. Der Grund dafür ist die menschliche Herzenshärte, wie Jesus es nannte (Matthäus 19,3–8). Gottes Anordnungen sind Weisungen für das Leben.

Sie können nicht stur nach dem Schema «dies darf sein und dies nicht» angewendet werden. Natürlich bleibt Gottes Wort Gottes Wort, und unsere Bemühung muss immer sein, diesem Wort Folge zu leisten. Manchmal aber finden wir uns in Situationen wieder, in denen wir nur noch das kleinere Übel wählen können. Dann brauchen wir Weisheit, im Sinne von Stellen wie 5. Mose 24 zu handeln und Barmherzigkeit zu üben. Dem Problem von Scheidungen ist also nicht mit pharisäischer Härte beizukommen, und das wäre auch nicht im Sinne der Bibel.

Für einige von uns klingt das zu sehr nach Beliebigkeit.

Für andere von uns ist es eine gute Nachricht.

Je nachdem, welche Geschichte wir in Sachen Scheidung und Wiederheirat haben.

Klar ist: Das relative Besitzrecht von 5. Mose 24,1–4 zeigt, dass der Zweck des alttestamentlichen Scheidungsrechts die Eindämmung des sündigen Verhaltens und seiner Folgen war. Es war ein Zugeständnis an die Sünde des Menschen und offenbart, dass Gottes Gebote Gebote des Lebens sind. In der Kritik steht der Mann, der seine Verantwortung missbrauchte und die Frau als einen Menschen zweiter Klasse behandelte.

Unternehmerin Frau

Wenn eine Frau quasi per SMS entlassen werden konnte, taucht die Frage auf: Wie viel Würde besaß eine Frau im alten Israel eigentlich?

Die Würde der Frau zeigt sich unter anderem daran, dass sie Mitversorgerin der Familie war und unternehmerische Tätigkeiten entwickeln konnte.

Die Begegnung von David und Abigajil zeigt dies sehr schön (1. Samuel 25). David war ein Flüchtling in der Wüste und wartete auf die Königswürde, die ihm von Gott versprochen war. Abigajil war die Frau Nabals, eines reichen Großgrundbesitzers und Klotz von einem Mann. Dieser Dummkopf beleidigte David und seine Männer, worauf dieser sich aufmachte, um dem Dummen den Kopf abzuschlagen (Nabal bedeutet Dummkopf, Tor, Narr).

Als David mit gezücktem Schwert in Richtung Nabals Landgut marschierte, stand ihm plötzlich Abigajil im Weg. David traf mitten im Zorn (den er wahrscheinlich für männlich hielt) auf weibliche Schönheit. Abigajil warf sich respektvoll vor David nieder und hielt ihm eine ziemlich eindrückliche Rede, die von einem erstaunlichen Selbstbewusstsein zeugt.

In dieser wilden Geschichte taucht das ursprüngliche Bild wieder auf. Da ist eine Frau, die das Zeug hat, eine starke Partnerin zu sein. Vielleicht ist es das, was an dieser Begegnung so berührend ist.

Wenn man den Bericht liest, gewinnt man den Eindruck, dass David sich augenblicklich in Abigajil verliebte. Und tatsächlich: Nachdem Nabal eines natürlichen Todes gestorben war, nahm David Abigajil zur Frau. Mit ihr hatte er eine starke Partnerin an seiner Seite, die für die raue Wildnis wie geschaffen war.

Abigajil war die Herrin in Nabals Haus gewesen. Als sie hörte, dass David mit seinen Männern auf dem Weg war, wies sie die Knechte im Haus an, in aller Eile Esel und Lebensmittel bereit zu stellen. Ihr Wort war Befehl. Abigajil steht für einen Frauentyp, der eine starke Position im Familienverband hatte und das Haus als Unternehmerin führte, wenn die Männer über längere Zeit abwesend waren (wie zum Beispiel zur Schafschur im Fall Nabals).[6]

Eine ähnliche prominente Stellung der Frau zeigt sich im berühmten 31. Kapitel der Sprichwörter, nur poetischer und schöner. Achten Sie darauf, welche Aufgaben der Frau zugeschrieben werden und welche Ehre ihr zugesprochen wird:

> «Eine tüchtige Frau – wer findet sie schon? Sie ist wertvoller als viele Juwelen! Ihr Mann kann sich auf sie verlassen, sie bewahrt und vergrößert seinen Besitz. Ihr Leben lang tut sie ihm Gutes, niemals fügt sie ihm Leid zu. Sie besorgt sich Wolle und Flachs und verarbeitet es mit geschickten Händen. Von weit her schafft sie Nahrung herbei, wie ein Handelsschiff aus fernen Ländern.
>
> Noch vor Tagesanbruch steht sie auf und bereitet das Essen; den Mägden sagt sie, was zu tun ist.
>
> Sie hält Ausschau nach einem ertragreichen Feld und kauft es; von dem Geld, das ihre Arbeit einbringt, pflanzt sie einen Weinberg.
>
> Unermüdlich und voller Tatkraft ist sie bei der Arbeit; was getan werden muss, das packt sie an! Sie merkt, dass ihr Fleiß Gewinn bringt; beim Licht der Lampe arbeitet sie bis spät in die Nacht.
>
> Ihre Stoffe webt und spinnt sie selbst.

Sie erbarmt sich über die Armen und gibt den Bedürftigen, was sie brauchen.

Den kalten Winter fürchtet sie nicht, denn ihre ganze Familie hat Kleider aus guter und warmer Wolle. Sie fertigt schöne Decken an, und ihre Kleider macht sie aus feinem Leinen und purpurroter Seide.

Ihr Mann ist überall bekannt, und was er sagt, hat großes Gewicht im Rat der Stadt.

Sie näht Kleidung aus wertvollen Stoffen und verkauft sie, ihre selbst gemachten Gürtel bietet sie den Händlern an.

Sie ist eine würdevolle und angesehene Frau, zuversichtlich blickt sie in die Zukunft.

Sie redet nicht gedankenlos, und ihre Anweisungen gibt sie freundlich.

Sie kennt und überwacht alles, was in ihrem Haus vor sich geht – nur Faulheit kennt sie nicht!

Ihre Söhne reden voller Stolz von ihr, und ihr Mann lobt sie mit überschwänglichen Worten:

‹Es gibt wohl viele gute und tüchtige Frauen, aber du übertriffst sie alle!›

Anmut kann täuschen, und Schönheit vergeht wie der Wind – doch wenn eine Frau Gott gehorcht, verdient sie Lob! Rühmt sie für ihre Arbeit und Mühe! In der ganzen Stadt soll sie für ihre Taten geehrt werden!» (Sprüche 31,10–31; Hfa).

Die Frau, die hier beschrieben wird, ist weit davon entfernt, ein Mauerblümchen zu sein. Sie nimmt Verantwortung im Haus und im gemeinsamen Unternehmen wahr. Sie gibt den Knechten und Mägden Anweisungen, sie schließt Verträge ab, man findet sie beim Händler in der Stadt, wo sie Geschäfte macht, und sie nimmt sich der Bedürftigen an. Sie ist schlicht eine Perle. Sie wird nicht bloß wegen ihrer Schönheit geachtet, sondern noch mehr wegen ihrer Tüchtigkeit und Verlässlichkeit. Ihr Mann vertraut ihr, und er erhebt sich sogar mit seinen Söhnen, um sie mit Lob zu überhäufen.

Ein Idealbild, sagen Sie vielleicht. Nun, das mag stimmen, aber es zeigt, dass im Rahmen der patriarchalischen Familienordnung des Alten Testaments genügend Raum war für die Entfaltung der Frau in dem, was wir heute «Familie und Beruf» nennen.

Richterin und Prophetin

Über das ganze Alte Testament erstreckt sich der Umstand, dass der Mann in Familie und Gesellschaft die Hauptverantwortung trug. Doch das war keine starre Regel, welche die Frau in die Bedeutungslosigkeit abdrängte. In Sprüche 31 heißt es, dass der Mann «im Tor sitzt» (dort wurden Entscheidungen gefällt und das gesellschaftliche Leben geprägt), aber die Frau war als Unternehmerin ebenfalls aktiv.

Wenn die Bibel dem Mann Führung und Verantwortung auferlegt, bleibt genügend Raum, dass auch Frauen beträchtliche Verantwortung und sogar Führungsaufgaben wahrnehmen können. Die Hauptverantwortung des Mannes wird nicht dadurch gesichert, dass die Frau niedrig gehalten wird, sondern

Mann und Frau können zusammen Verantwortung tragen und wichtige Leitungsaufgaben wahrnehmen. Das entspricht dem ursprünglichen Gedanken Gottes, als er Mann und Frau segnete und beiden zusammen die Aufgabe übertrug, über die Schöpfung zu herrschen.

Im Alten Testament treten drei Frauen besonders hervor: Mirjam, die Schwester des Mose, die Richterin Debora und die Prophetin Hulda. Diese drei Frauen bewegten sich erstaunlich frei in der Männerdomäne des öffentlichen Lebens. Die Überraschung besteht darin, dass sie dort nicht nur geduldet, sondern hoch geachtet wurden.

Mirjam ist die erste namentlich genannte Prophetin und hatte eine kreative Begabung. Nachdem Israel durch das Schilfmeer hindurch gerettet worden war, führte Mirjam den Lobpreistanz an, und die Frauen zogen anbetend hinter ihr her (2. Mose 15,20–21).

Interessant ist, dass es am Anfang des Liedes, das die Israeliten mit ihr sangen, heißt, dass Mose es mit dem Volk sang. Am Ende des Liedes heißt es hingegen, dass Mirjam es ihnen vorsang und den Tanz anführte. Es ist gut möglich, dass Mose und Mirjam dieses Lied gemeinsam dichteten.

Auf jeden Fall spielte Mirjam eine wichtige Rolle beim Auszug aus Ägypten, denn der Prophet Micha schrieb Jahrhunderte später über sie: «Ja, ich habe dich aus dem Land Ägypten heraufgeführt und aus dem Haus der Sklaverei erlöst; und ich habe Mose, Aaron und Mirjam vor dir hergesandt» (Micha 6,4; ELB). Mirjam wird hier in einem Atemzug mit ihren Brüdern Mose und Aaron genannt. Die Erinnerung an ihre Rolle in dieser entscheidenden Phase der Geschichte Israels war Jahrhunderte später immer noch lebendig. Der Umstand, dass Aaron und Mirjam sich gegen Mose erhoben und seine Autorität in Frage stellten, schmälert die Bedeutung der beiden Geschwister in der Gemeinschaft Israel in keiner Weise (4. Mose 12,1–15).

Die vielleicht eindrücklichste Frau des Alten Testaments ist die Richterin Debora. Die Tatsache, dass sie als einzige Frau in einem der dunkelsten Kapitel der Geschichte ihres Volkes unter einem Dutzend männlicher Richter wirkte, macht ihre Geschichte umso herausragender.

Manchmal wird das Argument vorgebracht, Debora sei nur deshalb Richterin gewesen, weil es damals keine Männer gab, die Verantwortung übernehmen wollten.[7] Nun, es ist wahr, dass die drei Jahrhunderte der Richterzeit eine üble Periode in der Geschichte Israels waren und dass die Männer über weite Strecken keine gute Figur machten.

Vielleicht ist an dem Argument tatsächlich etwas dran, aber es sollte nicht zu stark betont werden, denn Gott hat auch aus anderen Nicht-Führern und unwilligen Zeitgenossen kompetente Anführer gemacht (bestes Beispiel: Mose selbst; 2. Mose 4). Es gibt in Deboras Geschichte keinen zwingenden Hinweis darauf, dass sie berufen wurde, weil keine geeigneten männlichen Kandidaten vorhanden waren. Sie arbeitete mit Barak zusammen, der vielleicht nicht der geborene Führer war, aber ein Feigling war er auch nicht, denn er zog mit ihr in den Krieg und siegte. Zudem war Debora verheiratet (Richter 4,4). Es schien keinerlei Probleme zu machen, dass sie im öffentlichen Leben über ihrem Ehemann stand.

Ein anderer Grund, warum Deboras Stellung nicht rundweg als Mangel an geeigneten Männern gedeutet werden kann, liegt in der Tatsache, dass Gott sie berief und ihren Dienst bestätigte. Gott wollte diese Frau als Führerin seiner Nation und berief sie. Das kann nicht wegdiskutiert werden. Wenn Gott einen Mann gewollt hätte, hätte er einen gefunden, selbst in der dunklen Richterzeit. Gideon, der auf Debora folgte, ist ein Beispiel dafür. Er ging nur zögerlich auf seine Berufung ein, und Gott musste ihn ermutigen und stärken, so dass er den Mut für seine schwierige Aufgabe fand.

Wenn Gott Männer suchte, fand er sie, und wenn er Frauen wichtige Aufgaben anvertrauen wollte, berief er sie.

Debora war Richterin und Prophetin: «Und Debora, eine Prophetin, die Frau des Lappidot, war Richterin in Israel zu jener Zeit. Sie hatte ihren Sitz unter der Debora-Palme, zwischen Rama und Bethel, im Gebirge Ephraim. Und die Söhne Israel gingen zu ihr hinauf zum Gericht» (Richter 4,4–5; ELB).

Richter und Propheten waren von Gott erwählte, charismatische Gestalten, die für ihre Aufgabe mit dem Heiligen Geist gesalbt wurden. Von den Richtern heißt es, dass der Geist des Herrn über sie kam und sie für ihre Aufgabe befähigte. Israel war damals noch keine Nation mit einer gemeinsamen Identität, sondern ein Stämmeverbund, der sich zum Teil untereinander bekriegte. Aufgabe der Richter war es, Recht zu sprechen und die Stämme in den Krieg gegen Israels Feinde zu führen. Debora hatte als Richterin und Prophetin demnach eine herausragende Stellung inne. Man kann darin einen Protest gegen die abwesenden Männer sehen, wenn man will. Mir scheint aber deutlicher zu sein, dass Gott genau diese Frau wollte, sie begabte und ihren Dienst segnete. Debora macht mir nicht den Eindruck einer Lückenbüßerin.

In ihrem Dienst fallen mir verschiedene Dinge auf. Wenn ich ihre Geschichte lese, habe ich das Gefühl, einer Vorläuferin von Golda Meir oder einer anderen würdigen Grande Dame zu begegnen.

Die Israeliten kamen zu ihr, um sich Recht sprechen zu lassen. Der Ort ihrer Rechtsprechung bekam den Namen «Debora-Palme». Meistens ist es so, dass Orte nach berühmten Persönlichkeiten benannt werden, die in hohem Ansehen stehen. Offenbar war Debora eine solche Berühmtheit.

Gleichzeitig ist ihr das Gebaren einer Diva völlig fremd, wie es sich beispielsweise bei Isebel, der Frau Ahabs, zeigt. An keinem Punkt der Geschichte bekommt man den Eindruck, dass Debora sich in den Vordergrund drängt. Sie ist einfach da und tut ihren Dienst. Sie arbeitet mit Barak zusammen. Er braucht sie, und sie braucht ihn. Das entspricht dem Ideal der Schöpfung, wo Mann und Frau sich nicht gegenseitig konkurrieren, sondern ergänzen.

Hier ist es also wieder, dieses wunderschöne Bild, und es sollte uns Mut machen, dieses Bild gegen alle Gewohnheiten und Vorurteile in unserem Leben und in unseren Gemeinden Wirklichkeit werden zu lassen!

Der Höhepunkt der Geschichte ist das Debora-Lied in Richter 6. Es ist voll wunderbarer Poesie und zeigt sich als theologisch solide. Dass dieses Lied von Debora und Barak stammt, offenbart, dass diese Frau theologisch hellwach war. Das i-Tüpfelchen ist die Tatsache, dass Debora und Barak es zusammen singen (vor versammelter Soldatenschar nach geschlagener Schlacht, stelle ich mir vor). Das muss mindestens so eindrücklich gewesen sein, wie wenn Andrea Bocelli und Celine Dion *The Prayer* zusammen singen. Wahrscheinlich ließe sich daraus ein echt guter Hollywood-Streifen machen!

Um es etwas ernster zu sagen:

Die Zusammenarbeit von Debora und Barak ist ein eindrückliches Zeugnis dafür, dass es Frauen und Männern Gottes inmitten von schlimmen Umständen möglich ist, die Ergänzung der Geschlechter in gegenseitigem Respekt zu leben, so dass eine ganze Nation gesegnet wird.

Der Gedanke, diese gemeinsame Vision zu leben, sollte uns in unseren Gemeinden viel stärker anspornen, als die Angst, die viele Gemeinden lähmt, der Frau könnte zu viel Platz eingeräumt werden. Angst ist kein guter Berater. Wo der unreglementierbare Geist des Herrn ist, ist nicht Angst, sondern Freiheit.

Und dann ist da Hulda. Sie ist die geheimnisvollste unter den großen Frauengestalten des Alten Testaments. Wir wissen nicht viel von ihr, aber das, was wir wissen, wirft ein helles Licht darauf, wie Gott den Dienst von Mann und Frau versteht. Bei ihr fällt das Argument weg, Gott habe sie aus Mangel an geeigneten Männern berufen, denn sie wirkte zur gleichen Zeit wie der Prophet Jeremia.

Hulda war die Frau eines angesehenen königlichen Beamten in Jerusalem. Dass sie als Prophetin nicht zweite Wahl war, ist an der folgenden Geschichte – der einzigen, die über ihr Wirken berichtet – ersichtlich:

> Da gingen der Priester Hilkija, Ahikam, Achbor, Schafan und Asaja zu der Prophetin Hulda, um mit ihr zu sprechen. Ihr Mann Schallum, ein Sohn Tikwas und Enkel Harhas, verwaltete die Kleiderkammer. Sie wohnte im neuen Stadtteil von Jerusalem.
>
> Hulda gab der Gesandtschaft eine Botschaft des Herrn für König Josia. Sie sagte: «So spricht der Herr, der Gott Israels: ‹Alles, was in dem Buch steht, das der König von Juda gelesen hat, wird eintreffen! Das dort angedrohte Unheil will ich über die Stadt und ihre Einwohner hereinbrechen lassen.
>
> Denn sie haben mich verlassen und anderen Göttern ihre Räucheropfer dargebracht. Mit ihrem Götzendienst haben sie mich herausgefordert. Mein Zorn über diese Stadt ist wie ein Feuer, das nicht mehr erlöscht.
>
> Über den König von Juda sage ich, der Herr und Gott Israels: Du hast nun meine Antwort gehört.
>
> Doch du hast dir meine Worte zu Herzen genommen und dich meiner Macht gebeugt. Als du gehört hast, was ich über diese Stadt und ihre Einwohner gesagt habe – dass ein Fluch sie treffen soll und jeden, der es sieht, das Entsetzen packt –, da hast du betroffen dein Gewand zerrissen und bist in Tränen ausgebrochen. Darum will ich dein Gebet erhören. Das verspreche ich, der Herr.

Du sollst in Frieden sterben und im Grab der Königsfamilie beigesetzt werden. Das Unheil, das ich über die Stadt kommen lasse, wirst du nicht mehr erleben.›»

Die Gesandten überbrachten diese Antwort dem König (2. Könige 22,14–20; Hfa).

Hulda wurde befragt, um den Willen Jahwes zu erfahren, nachdem man im Tempel eine Abschrift vom Gesetz Moses gefunden hatte. König Josia war entsetzt, als er im Gesetz las, welche Strafen Gott für den Fall des Ungehorsams vorgesehen hatte. In dieser Situation war ein Wort Jahwes notwendig.

Offenbar hatten die königlichen Beamten kein Problem damit, eine Frau als Prophetin zu befragen. Hulda redete denn auch mit derselben Autorität, mit der kurz darauf der noch junge Prophet Jeremia auftrat und das Volk zum Herzen Gottes zurückführen wollte. Zwei Mal heißt es, dass Hulda die gängige prophetische Formel «so spricht der Herr» gebrauchte. Der Umstand, dass ihre Prophetie als Wort Jahwes anerkannt wurde und später in Erfüllung ging, zeigt ihre unbestrittene Stellung als Prophetin.

Mirjam, Debora und Hulda waren Ausnahmeerscheinungen.[8] In den meisten Fällen waren es die Männer, die das öffentliche Leben prägten. Ihnen war die Aufgabe der Führung in Gesellschaft und Familie übertragen. Dieser Umstand kann kaum als bloßer kultureller Faktor bezeichnet werden, sondern er entspricht dem Willen Gottes. Wäre die Vorrangstellung des Mannes in Israel bloße Angleichung an die damaligen gesellschaftlichen Gepflogenheiten orientalischer Völker gewesen und hätte sie im grundsätzlichen Widerspruch zu den Absichten Gottes gestanden, können wir davon ausgehen, dass von Jahwe berufene Propheten diesen Mangel beklagt hätten.

Debora ist unseres Wissens die einzige von Gott berufene Frau, die Israel als Nation leitete. Und Hulda ist die einzige Prophetin, deren Autorität den prophetischen Männern gleichgestellt wird. Dennoch zeigt sich: Wenn Gott beruft, nehmen Frauen dieselben Aufgaben wie Männer wahr. Und wenn Gott ihren Dienst bestätigt, sind sie mit derselben Autorität wie die Männer ausgestattet und werden vom Volk Gottes anerkannt. Sollte dies heute etwa anders sein?

Keine Priesterinnen

Wenn wir im Alten Testament nach Unterschieden zwischen der Stellung der Frau und der Stellung des Mannes suchen, werden wir am ehesten in kultischer Hinsicht fündig.

Im Judentum zur Zeit des Neuen Testaments wurden die Frauen als theologisch unbegabt und religiös unmündig behandelt. Im Alten Testament war die Situation weniger ungünstig. Zwar trug der Mann die religiöse und kultische Hauptverantwortung, aber auch die Frauen hatten religiöse Pflichten und wurden im Glauben unterwiesen.

Mose verpflichtete die Priester darauf, das Gesetz dem ganzen Volk vorzulesen: «Versammle das Volk, die Männer, Frauen und Kinder und den Fremdling, der in deinen Städten lebt, damit sie es hören und lernen und den Herrn, euren Gott, fürchten und alle Worte dieses Gesetzes halten und tun» (5. Mose 31,12; LB). Diese Verpflichtung wurde später von Josua (Josua 8,35) und Nehemia (Nehemia 8,2) eingehalten.

Das Passafest wurde im Kreis der Familie gefeiert: «Am Zehnten dieses Monats soll jeder ein Lamm für seine Familie holen, ein Lamm für jedes Haus» (2. Mose 12,3; EÜ). Bei der Passafeier wurde die Geschichte Israel einschließlich ihrer theologischen Deutung und Anwendung erzählt und so das geistliche Erbe des Volkes Gottes von Generation zu Generation weitergegeben.

Diese beiden Regelungen zeigen, dass Männer und Frauen als theologisch mündig erachtet und im Glauben verantwortlich gemacht wurden. Die Minderbewertung der Frau setzte erst in der Zeit zwischen dem Alten und dem Neuen Testament ein.

Der größte Unterschied in Bezug auf Stellung und Aufgabe von Mann und Frau bestand in kultischer Hinsicht. Der Priesterdienst war den Männern vorbehalten. Um genau zu sein, nicht allen Männern, sondern nur den männlichen Nachkommen aus dem Stamm Levi im Alter zwischen fünfundzwanzig und fünfzig Jahren (4. Mose 8,24–26).

Es wäre denkbar gewesen, Priesterinnen einzusetzen, denn in den heidnischen Religionen waren Priesterinnen weit verbreitet. Der Grund, dass dies nicht geschah, lag somit nicht in einer mangelnden kulturellen Entsprechung.

Über den Ausschluss der Frau vom Priesterdienst kann an dieser Stelle nur spekuliert werden. Ich kann mir vorstellen, dass dafür zwei Gründe maßgebend waren.

Einerseits war den Priestern die Aufgabe übertragen, das Volk im Gesetz zu unterweisen. Nicht nur die Ausübung der kultischen Handlungen gehörte zu ihrem Aufgabenbereich, sondern auch die Bewahrung der rechten Lehre. In Israel, das als Nation auf den Glauben an Jahwe gegründet war, kam der Lehre eine überaus wichtige leitende Funktion zu. Wer eine Nation lehrt, deren tiefste Identität religiöser Natur ist, leitet diese Nation durch seinen Lehrauftrag. Entsprach es der Führungsaufgabe des Mannes, dass Gott ausschließlich Männer in den Priesterdienst und damit in ein Lehramt berief? Zwar übernahmen später auch Propheten Lehraufgaben, aber das wurde nur nötig, weil die Priester und die Könige versagten. Gott berief in Israel erst dann Propheten, als die Könige Israels und die Priesterklasse sich von Jahwe abwandten und so die Wahrheit aus anderem Munde gehört werden musste.

Andererseits wurde die Frau durch den Ausschluss vom Priesterdienst vor Ausbeutung und das Volk vor dem moralischen Zerfall bewahrt. Unter den Nachbarvölkern Israels war die kultische Prostitution üblich. Götzenverehrung, Fruchtbarkeitsglaube und sexuelle Ausschweifungen gehörten dort zusammen.

Die Generation der Wüstenwanderung hatte diese Erfahrung machen müssen. Als Israel sich im Grenzland Moabs befand, begannen die Männer Israels mit den Moabiterinnen Unzucht zu treiben und nahmen an den Opferfesten der moabitischen Götter teil. Das ging so weit, dass einer mit einer Midianiterin in der Stiftshütte sexuell verkehrte – offenbar ein Fruchtbarkeitsritual (4. Mose 25,1–18).

Solange der Kult nicht strikt von der kultischen Prostitution getrennt war, war Israel in der beständigen Gefahr, dass sein Glaube in den heidnischen Religionen aufging. Der Ausschluss der Frauen vom Priesteramt kann als wirksame Vorbeugung gegen diese Gefahr verstanden werden.

Es zeigt sich, dass das Ideal der Schöpfung – Führungsverantwortung des Mannes, Ergänzung der Frau, Gleichwertigkeit der Geschlechter – im Alten Testament bekannt war, jedoch mit patriarchalischer Schlagseite gelebt wurde. Herausragende Frauen wie Mirjam, Debora und Hulda machen deutlich, dass es einen gesellschaftlichen Konsens gab, der die Vorrangstellung des Mannes voraussetzte, dieser aber keine starre Regel war.

Über weite Strecken wird das Verhältnis der Geschlechter beschrieben, ohne die Ereignisse zu werten. Dadurch ist nicht ohne weiteres klar, inwiefern es sich im einzelnen Fall um eine kulturelle Entsprechung handelt und was dem Willen Gottes entspricht. Das sollte uns in der Ableitung theologischer Positionen aus einzelnen Begebenheiten des Alten Testaments Zurückhaltung auferlegen.

Nach diesem Streifzug durch das Alte Testament können wir uns dem Neuen Testament zuwenden.

Kapitel 5
Zwischen den Zeilen lesen

Um die Aussagen des Neuen Testaments über die Stellung und den Dienst der Frau zu verstehen, braucht es einige grundsätzliche Kenntnisse über die Zeit, in der die neutestamentlichen Schriften entstanden. Insbesondere die Stellung der Frau in der jüdischen und der griechisch-römischen Gesellschaft muss bedacht werden, denn das, was beispielsweise der Apostel Paulus in seinen Briefen schreibt, wurde nicht in einem geschichtslosen Vakuum geschrieben, sondern es waren spezifische Antworten auf ganz bestimmte Umstände. Das gilt auch für die Haltung von Jesus gegenüber den Frauen.

Wir können die revolutionäre Haltung von Jesus nur begreifen, wenn wir sie als Protest und Korrektur zur Stellung der Frau im Judentum verstehen. Und wenn wir bei den Begegnungen von Jesus lernen, zwischen den Zeilen zu lesen. Da steht nämlich eine ganze Menge.

Sie werden in diesem Kapitel unschwer feststellen, dass die Situation der jüdischen Frau zu Beginn unserer Zeitrechnung äußerst ungünstig war. Dabei gilt es zu bedenken, dass es in der Welt der Antike praktisch keine Beispiele dafür gibt, dass

Frauen der gleiche Wert wie Männern zugeschrieben wurde. Das Judentum war insofern also kein Sonderfall. In vielen Kulturen standen Frauen lebenslang unter der Vormundschaft von Männern. Politisch und rechtlich waren sie in der Regel kaum besser gestellt als Sklaven.

Ich werde in diesem Kapitel zuerst einige Worte über die Stellung der Frau im Judentum verlieren. Dann werde ich in groben Strichen die Haltung von Jesus und von Paulus skizzieren. Das wird uns helfen, uns in den darauf folgenden Kapiteln näher mit einzelnen Themen und Bibeltexten zu beschäftigen und sie besser zu verstehen.

Warum ist eine Kenntnis der Situation wichtig, in welcher beispielsweise der Korintherbrief oder das Matthäus-Evangelium entstanden?

Nehmen wir einmal an, in hundert Jahren würde eine Zeitschrift wie der «SPIEGEL» oder der «Stern» eine historische Serie über das Verhältnis der islamischen Staaten zur Europäischen Union und den Vereinigten Staaten von Amerika verfassen. Zweifellos würden in dieser Serie Themen behandelt werden wie die Integration von Flüchtlingen aus islamischen Ländern, das Problem der Ausländerfeindlichkeit, die Konflikte wegen der Karikaturen über den Propheten Mohammed, das Übel von Zwangsehen und Frauenbeschneidungen oder die Diskussion um den Bau von Moscheen und Minaretten in Europa. Man würde feststellen, dass zu Beginn des 21. Jahrhunderts beträchtliche Spannungen und viel gegenseitiges Misstrauen vorhanden war.

Diese Spannungen könnten die Generationen nach uns nur

verstehen, wenn sie eine grundlegende Kenntnis über das historische Verhältnis zwischen dem Westen und den islamischen Ländern hätten. So müssten sie wissen, dass es im Mittelalter Kreuzzüge gab und dass in der Zeit der Reformation das christliche Abendland durch die Ausbreitung des Islams in seiner Existenz bedroht war. Und sie müssten auch wissen, dass die Terroranschläge vom 11. September 2001 stattfanden, die den Westen wie ein Schock trafen.

Erst durch die Kenntnis dieser Geschichte werden nachfolgende Generationen verstehen, warum das Verhältnis zwischen dem Islam und dem Westen zu Beginn des 21. Jahrhunderts so und nicht anders war. Wie sollten spätere Generationen die scharfen Reaktionen aus dem Westen verstehen, wenn sie nicht wissen, dass der 11. September stattfand? Und wie sollten sie den Hass mancher Moslems auf die U.S.A. einordnen können, wenn sie nicht wissen, dass es zwei Kriege im Irak gab?

Als Bibelleser befinden Sie sich in einer ähnlichen Situation. Sie müssen eine grundlegende Kenntnis der Situation haben, in welcher die biblischen Aussagen gemacht wurden.

Wie wollen Sie die Haltung von Jesus gegenüber den Frauen richtig einordnen, wenn Sie nicht wissen, welche falschen Vorstellungen er zu korrigieren suchte?

Und wie wollen Sie die Aussage von Paulus, dass Frauen schweigen sollen, richtig verstehen, wenn Sie nicht wissen, welche Spannungen im Verhältnis der Geschlechter in der Gemeinde von Korinth bestanden?

Das Vertrautsein mit dem Hintergrund, auf dem eine biblische Aussage gemacht wird, ist für das Verständnis des Textes wichtig. Deshalb werde ich bei der Stellung der Frau im Judentum beginnen und grob den historischen Hintergrund skizzieren. Danach werde ich einen Überblick über die Haltung von Jesus und Paulus geben.

Minderwertige Frau

Wir haben gesehen, dass es im alten Israel eine Tendenz gab, Frauen zu benachteiligen. Während dieser Umstand das mosaische Scheidungsrecht nötig machte, finden wir im Alten Testament auch zahlreiche Belege für das Bewusstsein weiblicher Würde einschließlich der Möglichkeit, ein hohes Amt zu bekleiden.

In der Zeit zwischen dem Alten und dem Neuen Testament veränderte sich die Stellung der Frau im Judentum nachhaltig. Es kam zu einer Minderbewertung der Frau, die teilweise an Frauenverachtung grenzte.

Frauen waren zu neutestamentlicher Zeit vom religiösen Leben zu großen Teilen ausgeschlossen. Sie durften den Tempel nur bis zum Frauenvorhof betreten und keine Opfer darbringen. Vor Gericht waren sie als Zeuginnen nicht zugelassen. Das theologische Gespräch mit einer Frau galt als unschicklich und gefährlich. Man stelle sich das einmal vor! Es wäre etwa dasselbe, wie wenn Sie in eine Gemeinde gingen, nur um festzustellen, dass die Frauen in die hintersten Reihen des Gottesdienstes verbannt sind und zu den Bibelgesprächskreisen nicht zugelassen werden, weil das angeblich reine Männersache ist.

Die Scheidungspraxis war gegenüber dem Alten Testament in gewissen Bevölkerungsteilen stark liberalisiert. Nach Rabbi Hillel, der etwa 10 n. Chr. starb und als bedeutendster Schriftgelehrter seiner Zeit galt, war ein angebranntes Essen oder der Anblick einer schöneren Frau ein ausreichender Scheidungsgrund.[9] Hätte man sich auf dem gleichen technischen Stand wie heute befunden, hätte es die SMS-Scheidung mit Sicherheit gegeben.

Für den bekannten jüdischen Historiker Flavius Josephus, der 100 n. Chr. starb, war die Frau in jeder Beziehung von geringerem Wert als der Mann.[10]

Berühmt geworden ist der Ausspruch von Rabbi Jehuda aus der Mitte des 2. Jahrhunderts n. Chr.: «Drei Lobsprüche muss man an jedem Tage sprechen: Gepriesen (sei Gott), dass er mich nicht als Goi (Nichtisraeliten) geschaffen hat! Gepriesen, dass er mich nicht als Weib geschaffen hat! Gepriesen, dass er mich nicht als Unwissenden geschaffen hat!»

Dieser Ausspruch wird oft als Beleg für die Frauen verachtende Haltung im Judentum herangezogen. Allerdings wird der Ausspruch meistens nur unvollständig zitiert, denn Rabbi Jehuda fährt fort, seinen dreifachen Lobspruch mit den Worten zu begründen: «Gepriesen, dass er mich nicht als Goi geschaffen: ‹Denn alle Gojim sind wie nichts vor ihm›, Jes 40,17. Gepriesen, dass er mich nicht als Weib geschaffen; weil das Weib nicht zu Gebotserfüllung verpflichtet ist [...] Gepriesen, dass er mich nicht als Unwissenden geschaffen; denn ein Unwissender scheut sich nicht vor der Sünde.»[11]

Man kann eine Frauen verachtende Haltung in dieses Zitat hineinlesen, wenn man will, aber das scheint mir nicht ohne weiteres klar zu sein. Was es mit Sicherheit zum Ausdruck bringt, ist die religiöse Minderbewertung der Frau. Sie wird als nicht zur Erfüllung der Gebote verpflichtet beschrieben, das heißt ihre religiöse Unmündigkeit wird vorausgesetzt.

Als Ehefrau und Mutter wurde die Frau im Judentum hoch geschätzt. Man findet bei den Rabbinen öfter die Mahnung, dass der Mann seine Frau lieben und ehren soll. Die Frau wird als das Glück und die Krone des Mannes bezeichnet. Um den Mann, dem die Frau entrissen wird, werde es finster, sagten die Rabbinen.[12]

Anderseits führen Strack und Billerbeck, zwei ausgewiesene Kenner des Judentums zur Zeit des Neuen Testaments, zahlreiche Belege aus dem 2. und 3. Jahrhundert n. Chr. an, die eine tiefe Verachtung der Frau zu Tage fördern. Die Frau wird von den Rabbinen als eifersüchtig, geschwätzig und zu Hurerei und Zauberei neigend bezeichnet.[13]

Wie weit diese Verachtung der Frau zur Zeit von Jesus und Paulus verbreitet war, ist schwierig zu sagen, man wird aber davon ausgehen dürfen, dass die Situation nicht grundlegend anders war.

Richtungswechsel!

Vor zweitausend Jahren schien es im Judentum eine ausgemachte Sache zu sein, dass Frauen minderwertig, unintelligent, geschwätzig und verführerisch waren – bis Jesus kam und erklärte, dass die Sache «ein wenig anders» war.

Wenn Sie sich die Stellung der jüdischen Frau zu Beginn unserer Zeitrechnung vor Augen halten, erkennen Sie, wie revolutionär die Haltung von Jesus war. Die Bedeutung von Jesus hinsichtlich seiner Haltung zu den Frauen kann nicht hoch genug eingeschätzt werden, denn alles, was Jesus tat, wurde richtungsweisend für die urchristliche Gemeinde und damit für uns heute. Es geht dabei nicht bloß darum, was Jesus tat, welche Dinge er den Frauen erlaubte oder welche Einschränkungen er gegenüber dem Alten Testament beibehielt. Genau so wichtig ist es, zu erkennen, welche *Richtung* Jesus angab.

Wir finden bei Jesus keine ausformulierten Standpunkte über die Stellung der Frau, was auch bei anderen wichtigen Themen der Fall ist. So hat Jesus beispielsweise keine Gemeindelehre entwickelt, obwohl es ihm wichtig war, seine Nachfolger in einer Gemeinschaft zu sammeln. Was einer systematischen Belehrung über die Gemeinde am nächsten kommt, ist die vierte der großen Reden im Matthäus-Evangelium in Kapitel 18. Aber selbst dort lehrt Jesus nicht Grundwahrheiten über die Gemeinde, sondern spricht über praktische Aspekte des Zusammenlebens seiner Nachfolger.

Es ist typisch für Jesus, dass er die praktischen Aspekte einer Sache betonte. Das gilt nicht nur für das Zusammenleben in der Gemeinde oder andere Themen, die er in seinen Predigten anschnitt, sondern auch für die Haltung gegenüber den Frauen. Wir finden bei Jesus keine Aussage wie «die Frau hat den gleichen Wert wie der Mann» oder «die Würde der Frau ist zu schützen» oder «Frauen sind genauso gute Theologinnen wie Männer», obwohl diese Aussagen einen wesentlichen Kern der Haltung von Jesus zu den Frauen wiedergeben. Es war das *Handeln* von Jesus gegenüber den Frauen, das Bände sprach und mit dem er Aussagen wie die genannten nachhaltig unterstrich.

Diese Feststellung muss Auswirkungen haben auf die Art und Weise, wie wir von Jesus lernen.

Wir müssen bei Jesus nicht nur genau hinhören, was er sagt. Ebenso wichtig ist es, ihn zu beobachten und aufmerksam zu verfolgen, mit welcher Einstellung er den Frauen begegnete. So manches steht zwischen den Zeilen. Und manchmal ist das Lesen zwischen den Zeilen ebenso wichtig wie das Lesen des Geschriebenen.

Zwischen den Zeilen bahnt sich ganz eindeutig ein Richtungswechsel an; einer, der zu einer veränderten Grundposition gegenüber Frauen drängte.

Es ist offensichtlich, dass Jesus mit den frauenfeindlichen Sitten seiner Zeit brach und den Frauen Würde und Wert zuschrieb. Damit stieß Jesus eine Richtung an, von der er erwartete, dass seine Nachfolger sie aufnehmen und weiterentwickeln würden. Jesus hat nicht alles zum Verhältnis der Geschlechter gesagt, was es zu sagen gibt (das tat er bei anderen, ebenso wichtigen Themen auch nicht), obwohl wir das vielleicht gerne hätten.

Unsere Aufgabe ist es, die von Jesus explizit gemachten Aussagen ernst zu nehmen und in ihrer andauernden Gültigkeit zu erkennen. Gleichzeitig müssen wir erkennen, dass Jesus eine Entwicklung anstieß, welche der Frau Würde und Wert gab und ihr eine beachtliche Stellung in der Gesellschaft vermitteln sollte. Es geht also darum, Jesus treu zu sein in der Art und Weise, wie wir in unseren Familien und Gemeinden das Verhältnis der Geschlechter gestalten. Dazu gehört, dass wir die Richtung begreifen, die Jesus angab, und im Sinn dieser Richtung das Verhältnis der Geschlechter in unserer Situation gestalten.

Ich sehe schon, wie bei einigen die Angst vor der Auflösung der biblischen Wahrheit aufkommt. Wenn, so werden sie sagen, Jesus eine Richtung angab und wir in seinem Sinn handeln sollen, wer sagt uns dann, was verbindlich ist und was nicht? Diese Angst ist verständlich. Man kann mit der Rede vom «im Sinne von Jesus handeln» ja so ziemlich alles begründen, und es wird heute auch freimütig gemacht.

Aber darum geht es mir nicht.

Ich möchte an dieser Stelle nochmals betonen, dass für mich die gesamte Lehre von Jesus verbindlich und Gottes Wort ist.

Die Schwierigkeiten beginnen bei dem, was Jesus nicht ausformuliert und nur angestoßen hat. Offenbar traut Jesus es uns zu, dass wir ihn in seiner Reaktion auf die Umstände, unter denen er gelebt hat, klar genug verstehen, so dass es uns gelingt, in unserem Umfeld in seinem Sinne zu handeln.

Manche von uns hätten gerne, wenn die Bibel jede erdenkliche Frage in Paragraphen regeln würde, weil ihnen das Sicherheit gäbe. Aber Gott hat sich entschieden, sein Wort in unterschiedlichen historischen Situationen als Antwort auf *jene* Umstände entstehen zu lassen. Weil unsere Situation eine andere ist als zur Zeit von Jesus oder von Paulus, stellen sich uns gewisse Fragen, auf die uns die Bibel keine direkten Antworten gibt.

So suchen wir bei Jesus vergeblich nach einer konkreten Antwort auf die Frage, ob Frauen als Pfarrerinnen oder Verkündigerinnen tätig sein können, denn Amt und Kirche gab es beides noch nicht.

Was tun angesichts dieser Tatsache?

Wir gehen zurück zu Jesus und versuchen seine Lehre und seine Handlungen gegenüber den Frauen zu erfassen. Die expliziten Aussagen von Jesus sind für uns verbindlich, keine Frage. Aber ob eine Frau den Seelsorgebereich einer Gemeinde leiten sollte oder ob sie an einer theologischen Institution einen Lehrauftrag wahrnehmen kann, darüber haben sich weder Jesus noch Paulus geäußert. Hier entsteht ein Anwendungsspielraum, der die Gefahr falscher Folgerungen mit sich bringt. Wir sollten uns von dieser Gefahr aber nicht lähmen lassen, sondern diesen Spielraum im Vertrauen auf Gott und in der Treue gegenüber seinem Wort mit kreativer Weisheit gestalten.

In welche Richtung gab Jesus nun seine Anstöße?

Ich möchte es so formulieren: Jesus stieß eine Entwicklung an, die zur Befreiung der Frau aus gesellschaftlichen Zwängen führte und die Stellung der Frau in Übereinstimmung mit den Schöpfungsabsichten Gottes brachte.

Wenn damit auch nicht jede Entwicklung im Verhältnis der Geschlechter gerechtfertigt werden kann, so müssen Christen doch der Richtung folgen, die Jesus angab. Das wollen wir nun tun.

Jüngerinnen

Es gibt Worte, die man sich auf der Zunge zergehen lassen muss wie ein gutes Essen.

Dazu gehört das Wort «Jüngerinnen» kaum.

Das Wort war den Juden etwa so fremd, wie wenn wir heute von Apostelinnen oder einer Päpstin reden. Die Vorstellung, dass ein Rabbi weibliche Jünger hatte, war eine Unmöglichkeit, ja ein lästerlicher Gedanke.

Jesus berief zwölf Männer als seine engsten Jünger, und wir wissen, dass er einen erweiterten Kreis von siebzig Jüngern hatte, die er zu bestimmten Aufgaben aussandte (Lukas 10,1–20). Daneben hatte Jesus auch Jüngerinnen. Im Lukas-Evangelium heißt es: «Dabei begleiteten ihn seine zwölf Jünger und einige Frauen, die er von bösen Geistern befreit und von ihren Krankheiten geheilt hatte. Zu ihnen gehörten Maria aus Magdala, die er von sieben Dämonen befreit hatte, Johanna, die Frau des Chuzas, eines Beamten von König Herodes, Susanna und viele andere» (Lukas 8,1–3; Hfa). Jesus hatte offenbar eine beträchtliche Zahl von Jüngerinnen in seiner Gemeinschaft.

Zwischen den jüdischen Rabbinen und Jesus gab es Gemeinsamkeiten und Unterschiede:

Beide hatten Nachfolger, die von ihnen lernten und sie als «Rabbi» (Meister) ansprachen. Es handelte sich um ein klar definiertes Meister-Schüler-Verhältnis. Das wird auch im Ausdruck «Jünger» deutlich, der «Schüler» bedeutet.

Zu den wesentlichen Unterschieden zwischen Jesus und den Rabbinen gehörte, dass Letztere von jungen Männern gebeten wurden, als Jünger aufgenommen zu werden, während Jesus seine Jünger berief. Von einem berühmten Rabbi als Jünger aufgenommen zu werden, ist mit einem Stipendium an einer renommierten Universität vergleichbar.

Der andere wesentliche Unterschied war, dass die jüdischen Rabbinen nur Männer als Jünger aufnahmen, weil die Frau als theologisch ungeeignet galt und das Studium der Thora die Domäne der Männer war.

Dieser gängigen Vorstellung entsprach Jesus nicht. Jesus *wollte* Frauen als Jüngerinnen. Er erachtete sie als theologisch mündig. Sie waren keineswegs zweite Wahl. Das bot Stoff für einen handfesten Skandal!

Allein die Tatsache, dass sich in der Jüngergemeinschaft um Jesus Frauen befanden, war Aufsehen erregend. Ich denke nicht, dass es übertrieben ist zu sagen, dass diese Abweichung von der religiösen Konvention eine bewusste Provokation war, die zum Nachdenken anregen sollte. (Jesus machte seinen Standpunkt gerne durch Provokationen deutlich, was etwa daran ersichtlich ist, dass er oft an einem Sabbat heilte.)

Über die Stellung und die Aufgaben der Jüngerinnen wissen wir wenig, doch das, was wir wissen, gibt einen guten Einblick in die Haltung von Jesus gegenüber Frauen.

Zunächst einmal nahmen die Jüngerinnen die traditionelle Stellung der jüdischen Frauen ein und unterstützten Jesus und die Männer, die mit ihm umherzogen. Nach der Nennung einiger Jüngerinnen in Lukas 8,1–3 wird genau dieser Sachverhalt beschrieben: «Sie alle unterstützten Jesus und die Jünger mit dem, was sie besaßen» (EÜ). Diese Frauen begleiteten Jesus auf seiner Wanderschaft, und wir können davon ausgehen, dass sie für das tägliche Wohl der Jüngergemeinschaft verantwortlich waren.

Die Jüngerinnen von Jesus waren nicht nur für den Unterhalt der Jüngergemeinschaft zuständig, Jesus unterwies sie auch.

Von Maria heißt es, dass sie sich Jesus «zu Füßen setzte» und ihm zuhörte (Lukas 10,39). Während es in unserer Kultur üblich ist, dass man für eine Predigt oder ein Referat steht, setzten sich die Rabbinen, wenn sie lehrten. Einem Rabbi zu Füßen sitzen bedeutete, von ihm unterrichtet zu werden. Wenn der Apostel Paulus sagt: «Ich bin zu Füßen Gamaliels nach dem Gesetz der Väter ausgebildet» (vgl. Apostelgeschichte 22,3), dann bedeutet das: «Ich habe bei Gamaliel studiert.»

Wir haben im Fall von Maria also ein Beispiel dafür, dass Jesus eine Frau als Jüngerin hatte, die er in einem Meister-Schüler-Verhältnis unterrichtete. Wenn man bedenkt, dass dies in der jüdischen Gesellschaft jener Zeit unerhört war, wird deutlich, wie stark Jesus die theologische Mündigkeit der Frau herausstrich. Lukas, der Verfasser des gleichnamigen Evangeliums, verzichtete auf einen Satz wie: «Jesus erachtete Frauen als theologisch mündig.» Stattdessen beschreibt er, wie Maria Jesus zu Füßen saß, und erwartete, dass wir die Bedeutung dieser Aussage zwischen den Zeilen herauslesen würden.

Was für eine Unmöglichkeit Jüngerinnen darstellten, zeigt der Film «Yentl» mit Barbra Streisand eindrücklich. Sie verkleidet sich als Mann, um die Thora studieren zu können – und sorgt so für einen Skandal. Wenn Sie sich diesen Film anschauen, erhalten Sie einen lebendigen Eindruck von der theologischen Atmosphäre im Judentum zur Zeit von Jesus. Und es steht Ihnen deutlich vor Augen, dass Jesus mit der Tatsache, dass er Jüngerinnen hatte, ein Provokateur war.

Die Begegnung von Jesus mit der Samariterin am Jakobsbrunnen, von welcher im 4. Kapitel des Johannes-Evangeliums berichtet wird, unterstreicht dies. Jesus machte um die Mittagszeit an einem Brunnen Rast, während die Jünger in die Stadt gingen, um einzukaufen. Als eine samaritische Frau kam, um Wasser zu holen, bat Jesus sie, für ihn Wasser zu schöpfen. Die Frau fragte erstaunt zurück, weshalb er als Jude überhaupt mit ihr rede (was die Juden normalerweise nicht taten). Unausgesprochen bleibt, dass es üblich war, dass Männer und Frauen in der Öffentlichkeit überhaupt nicht miteinander redeten. Es galt sogar als unschicklich, dass ein Mann mit seiner Ehefrau in der Öffentlichkeit ein Gespräch führte![14]

Wenn Jesus sich nach den jüdischen Gepflogenheiten gerichtet hätte, hätte seine Bitte «Gib mir zu trinken!» (Johannes 4,7) die einzigen Worte beinhaltet, die er mit der Samariterin gewechselt hätte. Danach hätte die Frau Wasser geschöpft und wäre so schnell wie möglich wieder in die Stadt zurückgegangen. Dass ein Mann und eine Frau sich an einem unbeobachteten Ort begegnen (wer schöpft in der heißesten Tageszeit schon Wasser?) und miteinander sprechen, war politisch nicht korrekt. Die Juden vermieden solches tunlichst aus Angst vor geschwätzigen Nachbarn.[15]

Jesus aber ging auf die Frage der Frau ein und begann mit ihr über den Messias und das Evangelium zu reden. Dabei stellte sich heraus, dass die Frau theologisch einiges auf dem Kasten hatte. Sie sprachen über das ewige Leben, über die Kontroverse zwischen Juden und Samaritern, über den richtigen Ort der Anbetung (in Jerusalem oder auf dem Berg Garizim) und über wahre Anbetung. Wenn man zwischen den Zeilen liest, gewinnt man den Eindruck, dass Jesus als Rabbi zu ihr sprach und damit einen gewissen respektvollen Abstand wahrte. Gleichzeitig ist Jesus ihr gegenüber aber nicht emotional distanziert, sondern geht auf ihre Anliegen ein und redet sehr persönlich.

Was mich am meisten beeindruckt, ist, dass Jesus sie als Gesprächspartnerin ernst nimmt und ihr auf Augenhöhe begegnet. Nichts weist darauf hin, dass sie sich vor ihm bücken muss, nur weil er ein Mann ist und sie eine Frau. Der Respekt, den sie ihm entgegenbringt, ist dieselbe respektvolle Haltung, die jeder jüdische Mann einem Rabbi entgegenbrachte.

Das Gespräch mit der samaritischen Frau – die überdies einen sehr schlechten Ruf hatte – trägt Frucht, und die Frau erkennt in ihm den Messias Israels (Johannes 4,29). Darauf geht sie in die Stadt zurück und wird Zeugin für ihn.

Es war kein Zufall, dass ausgerechnet eine Frau zur Zeugin für Jesus wurde. Es waren Frauen, denen die Engel am Grab begegneten und sie beauftragten, den Jüngern von der Auferstehung zu erzählen (Markus 16,1–9). Jesus offenbarte sich nach seiner Auferstehung als Erstes Maria von Magdala. Die Jünger glaubten ihr nicht, als sie ihnen erzählte, sie hätte Jesus gesehen (Markus 16,10–13). Kein Wunder! Das Wort einer Frau galt null Komma nichts! Vor Gericht wurden Frauen nicht einmal als Zeugen vorgelassen. Es dürfte Absicht gewesen sein, dass ausgerechnet Frauen zu den ersten Zeugen der Auferstehung wurden, und ebenso bedeutungsvoll dürfte es sein, dass eine Frau zur ersten Zeugin unter den Samaritern wurde.

Provokation und Konvention

Es ist unübersehbar, dass Jesus den Frauen mit Respekt begegnete und dadurch ihren Status hob. Die zahlreichen Begegnungen mit Frauen belegen, dass Jesus durch seine provokative Art den Status quo in Frage stellte und zum Nachdenken anstiftete.

Gelegentlich findet sich eine Aufwertung der Frau auch in seinen Belehrungen. Jesus stellte Frauen gerne als Vorbilder hin. Eine bittende Witwe wird zum Vorbild für ausdauerndes Beten (Lukas 18,1–8), und eine arme Witwe, die Geld für den Tempel spendet, stellt Jesus als Vorbild für Opferbereitschaft hin (Markus 12,42–44).

Während die jüdischen Rabbinen die Frau als Verführerin sahen, stellte Jesus richtig, dass das Problem «ein wenig anders gelagert war» und warnte vor der Neigung des Mannes zu Untreue (Matthäus 5,27–30). Er war bereit, eine beim Ehebruch ertappte Frau nicht zu verurteilen (wahrscheinlich, um ausgleichende Gerechtigkeit zu üben, weil der Mann, der mit ihr gesündigt hatte, laufen gelassen worden war) und ihr eine zweite Chance zu geben (Johannes 8,1–11).

Die vielleicht größte Provokation war, dass Jesus sich von «Frauen mit zweifelhaftem Ruf» berühren ließ.

Der Evangelist Lukas berichtet davon, dass «eine Sünderin,

die in der Stadt lebte, erfuhr, dass er im Haus des Pharisäers bei Tisch war». Diese Frau mit zweifelhaftem Ruf kam «mit einem Alabastergefäß voll wohlriechendem Öl und trat von hinten an ihn heran. Dabei weinte sie, und ihre Tränen fielen auf seine Füße. Sie trocknete seine Füße mit ihrem Haar, küsste sie und salbte sie mit dem Öl» (Lukas 7,37–38; EÜ).

Diese Frau war offenbar eine Prostituierte. Sie gehörte zusammen mit den Zöllnern in die Kategorie der viel geschmähten «Sünder». Sie trat von hinten an Jesus heran – was eine einfache Sache war, da Jesus zu Tisch lag und man dabei die Füße nach hinten ausgestreckt hatte – und salbte seine Füße. Dabei brach sie in Tränen aus, offenbar weil Jesus ihr schon begegnet war und sie von ihm Vergebung empfangen hatte.

Lukas berichtet, dass der Gastgeber empört war. Für ihn konnte Jesus kein Prophet sein, denn ein heiliger Mann lässt sich von einer «solchen Frau» nicht berühren. Aber genau das ließ Jesus zu.

Im Grunde genommen ist die Reaktion des Pharisäers verständlich. In der Gesellschaft, in der er und Jesus sich bewegten, sprachen Mann und Frau in der Öffentlichkeit nicht miteinander, von Berührungen ganz zu schweigen. Jesus aber ließ die Berührung zu und lobte die Frau für ihre Tat, obschon es sich nach damaliger Sitte um eine Unverschämtheit handelte. Während solche Leute für die Pharisäer dankbare Objekte für die Zurschaustellung eigener Gerechtigkeit waren, sah Jesus in dieser Frau eine verlorene Tochter Gottes.

Jesus war eine Zumutung für alle, die am Althergebrachten festhielten und Wert auf gute Etikette legten!

Die Haltung von Jesus gegenüber Frauen setzte neue Maßstäbe, sprengte die gesellschaftliche Konvention aber nicht völlig. Tatsache ist, dass Jesus ausschließlich Männer in den Aposteldienst berief. Seine zwölf engsten Jünger waren Männer. Ihnen wird im Neuen Testament eine wichtige Rolle zugesprochen. Auf ihnen ist die Gemeinde erbaut (Epheser 2,20), und auf den zwölf Grundsteinen des himmlischen Jerusalem stehen die «zwölf Namen der zwölf Apostel des Lammes» (Offenbarung 21,14).

Von Jesus erwarten wir natürlich zu Recht, dass er nicht aus Zufall zwölf Männer wählte. Wir haben gesehen, dass Jesus sich nicht scheute, das religiöse Establishment vor den Kopf zu stoßen, wenn es nötig war, und deshalb gehe ich davon aus, dass er auch Frauen unter die Zwölf berufen hätte, wenn er es gewollt hätte.

Weshalb berief Jesus keine Apostelinnen? Auf diese Frage gibt es meiner Ansicht nach zwei mögliche Antworten:

Die eine Möglichkeit ist, dass Jesus damit der alttestamentlichen Vorgabe entsprach, nur Männer als Priester zu berufen. Die Priester hatten eine wichtige Stellung als Vermittler zwischen dem Volk und Jahwe, und ihnen war die Aufgabe der Unterweisung übertragen. Die Apostel sind so etwas wie das neutestamentliche Gegenstück zu den Priestern im Alten Testament. Auch sie vermittelten durch ihre missionarische Aufgabe zwischen Gott und den Menschen, und auch ihnen war die Lehre Christi anvertraut (Apostelgeschichte 2,42).

Geht man davon aus, dass die Entsprechung zum alttestamentlichen Priesterdienst der Grund für die ausschließliche Berufung von Männern in den Aposteldienst war, hat man ein starkes Argument für die Besetzung von Leitungsfunktionen in der Gemeinde durch Männer und nicht durch Frauen. Die Tatsache, dass es in den urchristlichen Gemeinden nur männliche Älteste gab, wäre dann auf einer Linie zu sehen, und damit wäre die Leitungsaufgabe der Frau in der christlichen Gemeinde zumindest erschwert.

Die andere Möglichkeit besteht darin, den Ausschluss von Frauen vom Aposteldienst unter pragmatischen Aspekten zu sehen. Es ist durchaus denkbar, dass Jesus der jüdischen Kultur seiner Zeit entsprach, in der Apostelinnen wohl kaum als Zeugen für den Messias akzeptiert worden wären. Wenn Frauen vor Gericht nicht als Zeuginnen zugelassen waren, wie sollten sie in der Autoritätsstellung von Apostelinnen glaubwürdige Zeuginnen von Christus sein?

Der Gedanke eines pragmatischen Vorgehens mag auf den ersten Blick befremden, aber vergessen Sie nicht, dass Jesus verschiedentlich pragmatische Anweisungen gab. So wies er seine Jünger an, klug wie die Schlangen und ohne Falsch wie die Tauben zu sein (Matthäus 10,16). Und er sagte ihnen, sie sollten sich mit dem «ungerechten Mammon» Freunde machen (Lukas 16,9). Folgt man dieser Argumentation, ist die Wahl von Männern in den Zwölferkreis nicht als theologische Grundaussage zu werten, und damit würden Leitungsaufgaben von Frauen der Praxis von Jesus nicht widersprechen.

Ich denke, dass es klug ist, an dieser Stelle unserer Reise keine abschließende Wertung zu fällen, sondern zunächst einen

Überblick zu gewinnen, welche Haltung die nach Jesus wichtigste Figur der Urchristenheit – der Apostel Paulus – in der Frauenfrage einnahm. Das wird uns, zusammen mit einschlägigen Bibelstellen, denen wir uns später widmen, eine bessere Grundlage für ein Urteil liefern.

Diese Zurückhaltung scheint mir angebracht zu sein, weil wir nie eine Entscheidung fällen sollten, ohne alle Fakten zusammengetragen zu haben. Wenn wir nämlich davon ausgehen, dass Jesus mit seiner Wahl von Männern als Apostel eine theologische Grundposition signalisierte, und diese Annahme zur Gewissheit erheben, haben wir eine Prämisse geschaffen, und jede weitere Aussage im Neuen Testament werden wir als Bestätigung dieser Prämisse betrachten. Damit aber ist eine ergebnisoffene Beschäftigung mit den einschlägigen Bibeltexten nicht mehr möglich.

Natürlich gilt dieser Grundsatz auch umgekehrt. Wenn wir davon ausgehen, dass Jesus pragmatisch handelte, und diese Annahme nicht mehr hinterfragen, werden wir nur unsere eigenen Vorlieben bestätigt sehen.

Wir können festhalten, dass Jesus durch seine Provokationen, seine Begegnungen mit Frauen und die Tatsache, dass er Jüngerinnen hatte, eine gesellschaftliche Norm angriff, die behauptete, dem Willen Jahwes zu entsprechen. Zweifellos hat Jesus eine Richtungsänderung hinsichtlich der gesellschaftlichen und religiösen Stellung der Frau angestoßen, und es wird spannend sein zu beobachten, wie der Apostel Paulus die von Jesus angestoßene Richtung weiterverfolgte.

Reizfigur Paulus

Der Apostel Paulus ist für manche eine Reizfigur. Nicht selten wird Paulus eine rückständige Haltung gegenüber den Frauen vorgeworfen – zu Unrecht, wie ich im Folgenden argumentieren werde. Der Vorwurf gegen Paulus nährt sich meines Erachtens aus einer einseitigen Leseart von Stellen wie 1. Timotheus 2 und 1. Korinther 14 (diesen Stellen werde ich mich in den Kapiteln 9 bis 11 widmen) sowie einer Unkenntnis über die Verhältnisse der Geschlechter in der griechisch-römischen Gesellschaft und der Reaktion des Paulus darauf (diesem Aspekt werde ich mich in diesem Abschnitt widmen).

Wenn Sie die paulinischen Briefe aufmerksam lesen, wird Ihnen auffallen, dass sie beachtliche Zeugnisse für die Gleichwertigkeit von Mann und Frau enthalten.

Schlagen Sie nur einmal die Grußliste am Ende des Römerbriefes auf! Sie enthält auffallend viele Namen von Frauen, die Paulus zum Teil mit Hochachtung hervorhebt. Fast ein Dutzend Frauen werden namentlich erwähnt. Phöbe war Paulus eine Hilfe, er ist dankbar für Priska, die zusammen mit ihrem Mann Aquila ihr Leben für Paulus aufs Spiel gesetzt hat. Er lobt Maria, Tryphäna und Tryphosa, die viel Mühe auf sich genommen haben für Christus. Persis wird mit demselben Lob bedacht und zuneigend «die liebe Persis» und bei Luther sogar «die Geliebte» genannt. Auch die Mutter des Rufus und die Schwester des Nereus gehören offenbar zum engeren Freundeskreis des Apostels, wie aus der langen Grußliste hervorgeht.

Dieser Mann soll ein Feind der Frauen sein?

Auch in anderen Briefen zeigt sich eine positive Haltung des Apostels zu den Frauen.

Im Philipperbrief ermahnt Paulus Evodia und Syntyche, sich wieder zu vertragen, und attestiert ihnen, dass sie mit ihm für das Evangelium gekämpft haben (Philipper 4,2–3). Diese beiden Frauen gehörten offenbar zum Missionsteam des Apostels. Achten Sie darauf, dass Paulus nicht bloß sagt, sie hätten ihm gedient oder Aufträge für ihn erledigt. Nein, diese beiden Frauen standen mit dem Apostel in der Schlachtreihe und kämpften Seite an Seite mit ihm.

Im zweiten Brief an Timotheus stellt Paulus dessen Mutter und Großmutter als Vorbild hin (2. Timotheus 1,5). Er lässt Priska grüßen und gibt Grüße von Klaudia weiter (2. Timotheus 4,19–21).

Frauen scheinen keine unwichtige Rolle im Leben von Paulus gespielt zu haben. Sie waren wichtig für seinen Dienst. Das zeigt sich daran, dass er immer wieder hervorhebt, dass sie mit ihm oder für das Evangelium gekämpft haben. Und sie waren wichtig für sein Leben. Was sich daran zeigt, dass er sie als seine Freunde grüßt.

Paulus ist weit davon entfernt, uns mitteilen zu wollen, dass Frauen unwichtig für das Reich Gottes sind. Sie waren unverzichtbare Zeuginnen für die Botschaft Jesu Christi, und sie kämpften Seite an Seite mit Paulus. Im Einklang mit Jesus begegnet der Apostel den Frauen in seinen Briefen auf Augenhöhe. Er scheut sich nicht, ihre Verdienste hervorzuheben und zu betonen, wie wichtig sie für ihn sind.

Frauen als theologisch inkompetente Geschöpfe? Nicht bei

Paulus! Das zeigt sich unter anderem an der erwähnten Mahnung aus Philipper 4, dass Evodia und Syntyche sich vertragen sollten. In Vers 1 sagt der Apostel: «Daher, meine geliebten und ersehnten Brüder, meine Freude und mein Siegeskranz, steht in dieser Weise fest im Herrn, Geliebte!» (ELB). Danach fährt Paulus fort in den Versen 2–3 Evodia und Syntyche zu ermahnen, diese Gemeinschaft durch den Streit nicht zu gefährden. Dieser Übergang von den «Brüdern» und «Geliebten» zur direkten Anrede der beiden Frauen macht deutlich, dass Paulus Evodia und Syntyche in die Anrede «Brüder» einschloss.

Wenn Paulus in seinen Briefen die «Brüder» anspricht, sind die Frauen also mitgemeint. Es handelt sich meist um eine inklusive Anrede, die besser mit «Geschwister» wiederzugeben ist. Es war damals einfach nicht üblich, Frauen öffentlich anzureden. Die Anrede «Brüder» war nicht eine *Geschlechts*bezeichnung, sondern eine *Beziehungs*bezeichnung, die Männer und Frauen einschloss. Entsprechend richtig übersetzt etwa die Neues-Leben-Bibel mit «liebe Freunde».

Die Achtung des Apostels vor den Frauen zeigt sich auch in seinen Anweisungen über die Ehe.

Gemäß Paulus sind sich Mann und Frau gegenseitig Respekt, Liebe und Unterordnung schuldig. Paulus will beispielsweise nicht, dass der Mann sexuell über seine Frau verfügt, und hält in einem seelsorgerlichen Rat an die Christen in Korinth fest, dass beide Partner verpflichtet sind, auf die sexuellen Bedürfnisse des anderen einzugehen: «Der Mann soll seine Frau nicht vernachlässigen, und die Frau soll sich ihrem Mann nicht entziehen, denn weder die Frau noch der Mann dürfen eigenmächtig über ihren Körper verfügen; sie gehören einander. Keiner soll sich dem Ehepartner verweigern, außer beide wollen eine Zeit lang verzichten, um für das Gebet frei zu sein» (1. Korinther 7,3–5; Hfa). Diese Anweisungen sind ganz im Einklang mit der jüdischen Ehepraxis der damaligen Zeit.[16]

Aber Paulus' Anweisungen sind nicht einfach eine Übernahme der jüdischen Ethik in den christlichen Kontext. Im selben Abschnitt äußert er sich zur Scheidung. Er distanziert sich mit Verweis auf Jesus von der freizügigen jüdischen Scheidungspraxis, wenn er sagt: «Eine Frau darf sich von ihrem Mann nicht trennen. Hat sie sich von ihm getrennt, so soll sie unverheiratet bleiben oder sich wieder mit ihrem Mann aussöhnen. Ebenso wenig darf ein Mann seine Frau fortschicken» (1. Korinther 7,10–11; GNB).

Paulus will nicht, dass der Mann über die Frau verfügt, so dass er sie sich sexuell gefügig macht oder sich von ihr scheidet. Paulus erteilt der Dominanz des Mannes eine deutliche Absage. Mit der Anweisung von 1. Korinther 7,10–11 spricht er der Frau die gleiche Würde und die gleiche Verantwortung zu wie dem Mann.

Es ist wichtig, diese Haltung des Apostels vor Augen zu haben, wenn man seine Anweisungen zur Unterordnung der Frau liest. Oft wird die Haltung von Paulus nur gerade an seinen Äußerungen in Epheser 5 gemessen, wo er die Unterordnung der Frau lehrt – allerdings auch die des Mannes (davon gleich mehr).

Noch in einer weiteren Hinsicht ist 1. Korinther 7 für unser Thema aufschlussreich. In der Art und Weise, wie Paulus zu den Empfängern des Briefes spricht, wird deutlich, dass die Lehre von Jesus für ihn grundlegend war. Gleichzeitig gibt er Anweisungen, die er nicht mit der Lehre von Jesus begründet, sondern solche, wo er eigene Folgerungen zieht:

In Vers 10 beruft sich Paulus bei der Frage der Scheidung auf Jesus («den Verheirateten gebiete nicht ich, sondern der Herr»). Der Apostel denkt an die expliziten Aussagen von Jesus (etwa Matthäus 19,3–6) zur Frage der Scheidung. Er kann sich auf diese Aussagen berufen und gibt sie den Korinthern als verbindliche Weisung weiter.

In Vers 12 befasst sich Paulus mit einem Problem, zu dem sich Jesus nicht geäußert hat. Es geht um die Frage, ob ein Christ bei seinem ungläubigen Partner bleiben soll. Paulus erteilt einen konkreten Rat, gibt aber zu bedenken, dass dieser nicht auf Jesus zurückgeht («den Übrigen sage ich, nicht der Herr»; ELB und EÜ).

In Vers 25 kommt Paulus auf die Ehelosigkeit zu sprechen und hält fest, dass Jesus sich dazu nicht geäußert hat («Was die Frage der Ehelosigkeit angeht, so habe ich kein Gebot vom Herrn»; EÜ). Er fährt dann fort, seine eigene Meinung zu diesem Thema darzulegen («ich sage aber meine Meinung als einer, der durch die Barmherzigkeit des Herrn Vertrauen verdient»; LB).

An diesen drei Beispielen wird deutlich, dass in der Urkirche das Bewusstsein vorhanden war, dass Jesus sich nicht zu allen Fragen äußerte. Paulus erklärt die expliziten Aussagen von Jesus für verbindlich und gibt sie den Korinthern weiter. In den anderen Fragen gibt er in der Treue zu Jesus und dem Wort Gottes seinen eigenen Rat weiter (das ist es, was ich als kreative Weisheit bezeichnet habe).

Paulus ist ganz anders

Im 5. Kapitel des Epheserbriefs kommt Paulus auf die Unterordnung der Frau zu sprechen. Paulus will, dass die Frau sich dem Mann unterordnet und dass der Mann die Frau liebt. Diese Bekundung ist der Kern der Aussage von Epheser 5. An diesem Text wird nicht selten die gesamte Haltung des Apostels zu den Frauen gemessen. Dadurch entsteht der Eindruck, die Forderung des Paulus nach der Unterordnung der Frau sei so ziemlich alles, was er zum Verhältnis der Geschlechter zu sagen habe. Wenn dem so wäre, hätte ich mit Paulus auch meine liebe Mühe.

Aber Paulus ist ganz anders.

Wenn Sie Epheser 5 vor sich haben, sollten Sie auf die Feinheiten in den Ausführungen des Apostels achten. Paulus setzt voraus, dass Christen – die Ehepartner eingeschlossen – sich in der gemeinsamen Ehrfurcht vor Christus einander unterordnen: «Ordnet euch einander unter, wie es die Ehrfurcht vor Christus verlangt» (Epheser 5,21; GNB). Die Frau soll sich dem Mann in einer Haltung der Ehrfurcht vor Christus unterordnen, und der Mann soll sich der Frau in derselben Haltung auch unterordnen.

Haben Sie schon einmal eine Predigt über die Unterordnung des Mannes gehört? Epheser 5 ist der perfekte Text dazu!

Paulus geht also davon aus, dass sich Mann und Frau mit Respekt begegnen und einander gegenseitig hoch achten. Nur in diesem Rahmen kann er fortfahren und die Unterordnung der Frau unter ihren Mann verlangen. Und dies wiederum ist nur möglich, weil Paulus gleichzeitig verlangt, dass der Mann seine Frau liebt.

Die Bibel legt mir als Mann die Verpflichtung auf, dass ich meine Frau liebe. Es ist meine Pflicht, dass ich sie liebe, ihr diene und mich für sie mit einer Leidenschaft hingebe, die der Opferbereitschaft von Christus gleicht. Das ist eine sehr anspruchsvolle Pflicht. Wenn ich diese Pflicht richtig verstehe, werde ich meine Autorität als Mann nicht als Freibrief für männliche Dominanz verstehen. Tue ich es trotzdem, habe ich Paulus entweder falsch verstanden, oder ich beweise damit, dass ich weit von Christus, meinem Vorbild, entfernt bin.

Jede Frau eine Prinzessin

Je länger ich verheiratet bin, desto klarer sehe ich die göttliche Weisheit in der Anordnung, dass der Mann seine Frau lieben soll. Jede Frau ist in ihrem Herzen eine Prinzessin. Die wichtigste Frage, die (fast) jede Frau umtreibt, ist diese: «Bin ich schön? Bin ich es wert, geliebt zu werden?» Es ist die wichtigste Aufgabe des Mannes, auf diese Frage eine klare Antwort zu geben. Dem entspricht die Aufforderung des Apostels Paulus, dass der Mann seine Frau lieben soll.

Die Frau ihrerseits soll sich dem Mann unterordnen. Was das heißt, führt Paulus in einem kleinen Satz am Ende des Abschnitts aus: «Die Frau aber ehre den Mann» (Epheser 5,33; LB und EÜ). Paulus verlangt von der Frau, dass sie ihren Mann ehrt, ihn anerkennt und ihm mit Respekt begegnet. Das entspricht dem wichtigsten Bedürfnis des Mannes, denn seine

Kardinalfrage ist diese: «Bin ich stark? Kann ich das?» Dadurch, dass die Frau den Mann als Mann respektiert und seine Leistungen anerkennt, kommt sie diesem Bedürfnis des Mannes nach.

Paulus hat also ein feines Gespür für die Bedürfnisse von Mann und Frau. Es geht bei Paulus in keiner Weise um ein Machtverhältnis oder um die Sicherung des Patriarchats oder gar um die Rechtfertigung männlicher Dominanz, wenn er die Frau auf ihre Pflicht der Unterordnung aufmerksam macht. Er legt dem Mann die weitaus schwierigere Verantwortung auf, wenn er ihn darauf verpflichtet, in seiner Liebe zu seiner Frau Christus zu gleichen. Das biblische Verhältnis der Geschlechter und die damit verbundenen Aufgaben der Ehepartner haben gemäß Paulus mit der Erfüllung von Bedürfnissen zu tun, die der Schöpfer in Mann und Frau angelegt hat.

Ein weiterer Text, in dem Paulus auf das Verhältnis der Geschlechter zu reden kommt, ist 1. Korinther 11. Die Kernaussage dieses Kapitels ist, dass der Mann das Haupt der Frau ist, so wie Gott das Haupt von Christus ist.

Die Bedeutung des griechischen Wortes *kephalē*, das Paulus in diesem Text benutzt, ist umstritten.

Traditionell wurde es mit «Haupt» im Sinne von «Autorität» übersetzt. Der Mann sei der Frau übergeordnet und sei mit Autorität über sie ausgestattet.

Neuere Auslegungen tendieren dazu, das Wort mit «Ursprung» oder «Quelle» zu übersetzen. Es bedeutete dann, dass die Frau vom Mann komme und er der Ursprung ihrer Existenz sei. Folgt man dieser Auslegung, haben Paulus' Ausführungen in 1. Korinther 11 nichts mit einem Autoritätsverhältnis zu tun.

Ich glaube, dass die traditionelle Deutung vorzuziehen ist, obwohl sprachlich beide Auslegungen möglich sind. Sie ist auf einer Linie mit anderen Aussagen der Bibel, wonach der Mann die Aufgabe hat, seiner Frau vorzustehen und seine Familie zu führen. Das macht die Frau in keiner Weise minderwertig, so wenig wie Christus minderwertig ist, weil Gott sein Haupt ist.

Paulus zeichnet in 1. Korinther 11 also eine Autoritätskette Gott – Christus – Mann – Frau. Liest man sie zusammen mit Epheser 5, dann hat Autorität nichts mit Dominanz zu tun, sondern mit Dienst. Christus unterstellt sich Gott und hat den Menschen gedient, über die er Autorität hat. So soll der Mann Christus unterstellt sein und der Frau dienen, über die er Autorität hat.

Der Mann *ist* also keine Autorität, sondern er *vertritt* die Autorität von Jesus Christus in seiner Familie. Der kanadische Theologe Jacob Toews bringt 1. Korinther 11 und Epheser 5 zusammen und folgert:

> «Ein Mann, der nicht willig ist, das Herz einer Familie zu sein, verliert auch das Recht, Haupt zu sein. Nirgends in der Bibel ist dem Mann das Recht gegeben, sich die Frau untertänig zu machen. Die Aufforderung an die Frau, dem Manne untertan zu sein, steht nicht isoliert in der Bibel, sondern ist immer verbunden mit der Forderung an den Mann, seine Frau zu lieben.»[17]

Ich bin begeistert vom feinen Gespür des Apostels Paulus für das Verhältnis der Geschlechter. Paulus ist nicht der reaktionäre Patriarch, als den ihn manche sehen wollen.

Das zeigt sich auch an dem umstrittenen Kapitel, in welchem Paulus den Frauen in Korinth gebietet, im Gottesdienst zu schweigen. Am Ende jenes Kapitels erlässt er die Weisung: «Wenn sie etwas wissen wollen, dann sollen sie zu Hause ihre Männer fragen; denn es gehört sich nicht für eine Frau, vor der Gemeinde zu reden» (1. Korinther 14,35; EÜ).

Das scheint eine ziemlich schroffe Anweisung zu sein – wenn man sie vom Standpunkt der Postmoderne aus betrachtet, in der die Gleichstellung der Geschlechter gilt.

Betrachtet man sie jedoch vom Standpunkt des ersten Jahrhunderts n. Chr. aus, offenbart sie eine fortschrittliche Haltung.

Im Judentum galt die Frau, wie schon früher erwähnt, als ungeeignet für die theologische Bildung. Paulus hingegen *will*, dass die Frauen lernen. Diese Haltung war völlig neu. Paulus ist zur theologischen Bildung der Frau positiv eingestellt. Er will sie nicht in Unwissenheit halten (was damals mangels Bildung die Regel war), sondern ihre Bildung in theologischen Fragen fördern. Dabei weist Paulus auf die Ehe als den Ort, wo die Frauen seiner Ansicht nach am besten lernen konnten, zumal die Männer den besseren Zugang zur Bildung besaßen und in theologischen Fragen ein größeres Verständnis hatten.

Heute ist die Situation anders. Frauen hinken den Männern in Sachen Bildung nicht mehr hinterher, und in religiösen Fragen sind sie den Männern sogar oft überlegen. Der Kommentar des französischen Theologen Alfred Kuen dazu bringt mich zum Schmunzeln: «Heute müsste der Apostel in vielen Fällen den Männern empfehlen: Wenn sie nicht verstehen, was der Pastor in seiner Predigt gesagt hat, dann sollen sie ihre Frauen zu Hause fragen.»[18]

Kapitel 6
Kein Grundsatzprogramm

Wenn man sich mit der Stellung der Frau in der Bibel befasst, ist man geneigt, bestimmte Bibelstellen in den Vordergrund zu rücken. In der Regel sind es das 11. und das 14. Kapitel des 1. Korintherbriefes, wo der Apostel Paulus über die Kopfbedeckung und das Schweigen der Frau im Gottesdienst redet, und das 2. Kapitel des 1. Timotheusbriefes, in welchem Paulus das Lehren der Frau in Ephesus untersagt.

In meiner Gemeinde, in der ich aufwuchs, waren diese Stellen klar die Spitzenreiter. Sie schienen einfach alles zu sagen, und lange Diskussionen erübrigten sich.

Manche von uns haben ähnliche Erfahrungen gemacht. Mit Verweis auf 1. Korinther 14 und 1. Timotheus 2 wurde uns klargemacht, dass jegliche Tätigkeiten von Frauen, die über Kinderstunden oder Jugendlehre hinausgehen, eine Abweichung vom Evangelium darstellten. Wenn Paulus sagt, Frauen dürften nicht lehren und sollten im Gottesdienst schweigen – wer bist du, dass du Gottes Wort widerstehst mit deiner Ansicht, Frauen könnten vielleicht doch lehren oder predigen oder zumindest etwas sagen?

So schlüssig eine solche Argumentation klingt – hier stimmt etwas nicht.

Aber was?

Das: Wenn man 1. Korinther 11 und 14 sowie 1. Timotheus 2 zum Ausgangspunkt seines Verständnisses macht, erkennt man diesen Bibelstellen einen Rang zu, den sie im Neuen Testament nicht beanspruchen. Stellt man die Aussagen dieser Kapitel in den Vordergrund und versucht, die übrigen Aussagen des Neuen Testaments im Lichte der Interpretation dieser Kapitel zu verstehen, geht man stillschweigend davon aus, dass 1. Korinther 11 und 14 sowie 1. Timotheus 2 das Grundsatzprogramm des Neuen Testaments zu Stellung und Aufgabe der Frau enthalten.

Aber dieses Grundsatzprogramm existiert nicht, obwohl das einige von uns gerne hätten. Zugegeben, es würde unsere langen Diskussionen einfacher machen, wenn in zwei oder drei Bibelstellen alles Wesentliche über den Dienst von Frauen und Männern gesagt wäre.

Das Neue Testament enthält keine systematische Belehrung über die Möglichkeiten des Dienstes der Frau. Gewiss gibt es zahlreiche Bibelstellen, die sich mit dem Dienst der Frau beschäftigen, aber nirgends wird das Thema abschließend behandelt, so dass wir sagen könnten, wir hätten eine umfassende Belehrung über die Aufgabe der Frau, auf die wir zurückgreifen können.

Freilich gibt es Themen, die in der Bibel systematisch erörtert werden. So finden sich im Neuen Testament zahlreiche systematische Belehrungen über Rechtfertigung aus Glauben, über Person und Werk von Jesus Christus, über die Aufgabe der Gemeinde oder über das Leben in der Heiligung. Aussagen zu diesen Themen begegnen uns zuweilen in methodischer Form. Beispielsweise enthält der Römerbrief eine systematische Darlegung der Rechtfertigung aus Glauben. Und im Epheserbrief werden Sinn und Aufgabe der christlichen Gemeinde entfaltet.

Nebst dieser systematischen Form, die wir selten vorfinden, gibt es zu den genannten Themen eine Vielzahl einzelner Belehrungen, die sich zu einer schlüssigen Lehre zusammenfügen lassen. Während wir bei einigen großen biblischen Themen eine umfassende Belehrung haben, fehlt ein Grundsatzprogramm für Frauen.

Diesen Fakt gilt es anzuerkennen. Tun wir es nicht, gehen wir von der falschen Voraussetzung aus, dass die Teile zum Puzzle «Frau» vollständig in der Bibel vorhanden seien. Wir meinen dann, wir müssten sie nur noch zusammensetzen, um das ganze Bild zu erhalten. Wer so denkt, wird seinem Bedürfnis nach einer systematischen Belehrung über die Frau möglicherweise dadurch nachhelfen, dass er auch mal zur Schere greift und ein unpassendes Puzzleteil zurechtschneidet. Und das sollten wir nun wirklich nicht tun. Denn der Bibel treu zu sein, bedeutet nicht nur, alle ihre Aussagen ernst zu nehmen, sondern auch, nicht noch mehr hinzuzufügen, als da schon steht.

Zwei Kategorien

Wenn es im Neuen Testament um Frauen geht – was für Texte haben wir da vor uns? Diese Frage scheint mir wichtig zu sein, weil wir damit zu verstehen geben, dass wir nicht auf einer Schnellsuche sind, die uns wie Google die Antworten in 0,01 Sekunden liefert. Wer fragt, welche Art von Bibeltexten vor uns liegen, der nimmt die Gestalt des Wortes Gottes ernst. Und das ist immer ein guter Weg, um unsere Erkenntnis, die Stückwerk ist, zu bereichern.

Wir können die Texte des Neuen Testaments, die sich über die Frau äußern, in zwei Kategorien einteilen:

Die erste Kategorie ist *allgemeiner Natur*. Es handelt sich um Aussagen, die entweder beiläufig oder in sehr allgemeiner Weise gemacht werden. Wenn es beispielsweise in Apostelgeschichte 21 heißt, dass die Töchter des Philippus eine prophetische Gabe besaßen, erfahren wir beiläufig, dass den Frauen die Ausübung der prophetischen Gabe nicht vorenthalten wurde.

Die zweite Kategorie ist *spezifischer Art*. Es handelt sich um Aussagen, die gemacht wurden, um ein bestimmtes, in den Gemeinden vorhandenes Problem zu entschärfen oder eine entsprechende Frage zu beantworten, die im Zusammenspiel der Geschlechter aufgekommen war. Bibelabschnitte, die dieser Kategorie zuzurechnen sind, zeichnen in der Regel kein allgemein gültiges Bild der urchristlichen Gemeinden, sondern weisen auf ein spezielles Problem hin, das in der Gemeinde vorhanden war, an die der Brief geschrieben wurde.

Suchten wir nach einem Grundsatzprogramm für die Frau im Neuen Testament, würden wir am leichtesten in der ersten Kategorie fündig werden. Denn bei den Aussagen, die allgemeine oder beiläufige Bemerkungen über Frauen machen, erhalten wir kleine Einblicke in das, was wir als «urchristlichen Normalzustand» bezeichnen könnten.

Um beim Beispiel der prophetisch begabten Töchter des Philippus zu bleiben: Offenbar übten diese Frauen ihre prophetische Gabe aus, und niemand störte sich daran, dass sie es taten, obwohl sie Frauen waren. Unter Berücksichtigung des Umstands, dass es schon im Alten Testament prophetische Frauengestalten gab, deren Dienst hoch geschätzt wurde, ist das nicht weiter erstaunlich. Scheinbare Nebenbemerkungen können uns also unter Umständen mehr über den Dienst von Frauen in der Urkirche verraten als längere Abhandlungen.

Wir werden uns in den nächsten beiden Kapiteln mit der ersten Kategorie von Aussagen beschäftigen. Wir werden versuchen, anhand allgemeiner Aussagen den Vorhang der Geschichte ein wenig zur Seite zu schieben und einen Blick in den urchristlichen Normalzustand zu erhaschen.

Die späteren Kapitel werden die zweite Kategorie von Aussagen ins Zentrum rücken und sollen Einblick geben, wie der Apostel Paulus auf bestimmte Situationen in bestimmten Gemeinden reagierte und seine apostolischen Anweisungen gab.

Ich argumentiere also dafür, dass wir uns aufgrund der *allgemeinen* Aussagen des Neuen Testaments ein Bild über die Stellung der Frau in der Urkirche machen. Die Erkenntnisse, die wir aus diesem Studium gewinnen, werden uns helfen, die *spezifischen* Aussagen in 1. Korinther 11 und 14 sowie 1. Timotheus 2 zu verstehen. Die spezifischen Aussagen sind also im Lichte der allgemeinen Aussagen zu deuten. Wenn wir dieses Vorgehen akzeptieren, drängt sich eine Revision evangelikaler Grundposition in Sachen Männer und Frauen geradezu auf.

Eine energische Vorwärtsbewegung

Noch etwas gilt es zu bedenken, bevor wir uns einzelnen Bibelabschnitten widmen: Die Situation, aus der heraus wir nach der Stellung der Frau fragen, ist im 21. Jahrhundert eine gänzlich gegenteilige im Vergleich zum 1. Jahrhundert, als das Neue Testament geschrieben wurde.

In der zweiten Hälfte des 20. Jahrhunderts hat der Feminismus viele traditionelle Überzeugungen hinsichtlich des Verhältnisses der Geschlechter in Frage gestellt und teilweise ins Gegenteil dessen verkehrt, was evangelikale Christen im Allgemeinen glauben. Die Tatsache, dass der Feminismus einen missionarischen Eifer entwickelte und sich gesellschaftlich auf breiter Front durchsetzte, hat zu einem Erklärungsnotstand traditioneller Vertreter geführt, zu denen auch ich mich zähle. Die Evangelikalen befinden sich seit Jahren auf einem Rückzugsgefecht, in welchem die traditionelle Position verteidigt wird.

Die Situation der Urkirche war komplett gegensätzlich zu unserer Situation heute. Die ersten Christen befanden sich, was die Stellung der Frau betraf, in einer energischen und punktuell wohl auch chaotischen *Vorwärtsbewegung*. Im Judentum, und in geringerem Maß in der griechisch-römischen Welt, galten die Christen nicht als Verfechter traditioneller Wertevorstellungen hinsichtlich des Verhältnisses von Mann und Frau. Tatsächlich galten manche Überzeugung und manche daraus resultierende Praxis als revolutionär und mit den tradierten Vorstellungen der Juden und der Griechen nicht vereinbar.

Wenn man vom Standpunkt des 21. Jahrhunderts auf die Welt des 1. Jahrhunderts zurückblickt, muss die Stellung der Frau in der Urkirche im Vergleich zu den damaligen Gepflogenheiten als fortschrittlich bezeichnet werden. Die Frauen in den urchristlichen Gottesdiensten beteiligten sich am Gebet, an der prophetischen Rede, sie waren als Diakoninnen tätig und übten gemeindeübergreifende Dienste aus. Sie galten, anders als im Judentum, nicht als theologisch unmündig, sondern wurden in geistlichen Fragen geschult und in der Ausübung ihrer Gaben gefördert.

Woher rührte diese Vorwärtsbewegung?

Frauen, die mit der christlichen Lehre in Berührung kamen, witterten die Morgenluft der Freiheit. Sie begannen, ihren Wert zu entdecken, ihre Gaben auszuprobieren, und brachten ihre Wortbeiträge im Gottesdienst ein, wie beispielsweise in der Gemeinde in Korinth. Sie wurden aber auch die Zielscheibe von Irrlehrern, welche sich den Vorwärtsdrang der Frauen zunutze machten, um durch sie Macht auszuüben und Verwirrung zu stiften, wie in der Gemeinde von Ephesus (diesen Situationen werden wir uns später in allen Einzelheiten widmen).

Es braucht nicht zu verwundern, dass Frauen im urchristlichen Gemeindeleben eine große Dynamik auslösten und dass die neuen Freiheiten, die sie auszuprobieren begannen, in einigen Gemeinden verwirrende Zustände herbeiführten.

Jede neue Überzeugung, die sich in Widerspruch zur Tradition setzt und tief in die Gepflogenheiten einer Gruppe oder der Gesellschaft schneidet, löst Widerstand aus. Es war das Leben von Jesus Christus selbst und das von den Aposteln verkündete Evangelium, das die Frauen in einen neuen Stand versetzte. Jesus hatte den Frauen ihre Würde zurückgegeben und Frauen als seine Jüngerinnen in der Thora gelehrt und im Reich Gottes unterrichtet.

Auch der Apostel Paulus war ein Auslöser dieser Dynamik. Im Galaterbrief schreibt er, dass es nicht mehr Juden und Griechen, nicht Sklaven und Freie und nicht Mann und Frau gibt, sondern dass alle in Christus eins sind (Galater 3,28). Es wäre nicht erstaunlich, wenn solche Aussagen die Frauen dazu ermutigt hätten, ihrem neuen Stand entsprechend ihre aktive Beteiligung am Gemeindeleben einzufordern.

Die neutestamentlichen Texte, die sich mit einem spezifischen Problem rund um die Stellung der Frau und ihrer aktiven Beteiligung in der Gemeinde befassen, sind also aus einer völlig anderen Perspektive entstanden als der unsrigen. Die urchristlichen Gemeinden befanden sich in einer energischen Vorwärtsbewegung, was örtlich zu erheblichen Schwierigkeiten führte. Die spezifischen Texte in den neutestamentlichen Briefen wollten entsprechend dieser Situation die Frauen nicht in ihre angestammte Rolle zurückdrängen, sondern die ausgelöste Dynamik nutzend in die richtigen Bahnen lenken.

Diese Texte wollen also weniger als normative Aussagen verstanden werden, die durchgängige Gültigkeit in der Urkirche beanspruchen. Es handelt sich um korrektive Aussagen mit situativer Zuspitzung. Damit wird die Bedeutung der Bibel als

Wort Gottes in keiner Weise geschmälert. Sondern wir nehmen die Gestalt des Wortes Gottes ernst, das als Wort in bestimmte Situationen erging.

Für einige von uns ist der Gedanke einer Vorwärtsbewegung der Frauen in der Urkirche neu. Aber es ist gerade dieser Gedanke, der ein neues Licht auf die einschlägigen Bibelstellen wirft. Diesen wenden wir uns nun zu.

Kapitel 7
Söhne und Töchter

«Eure Söhne und Töchter werden Propheten sein» – so sagte es der Prophet Joel Jahrhunderte vor Pfingsten voraus. Und so geschah es auch. Während im Alten Testament Propheten fast ausschließlich berufene Männer waren, dienen im Neuen Testament die Propheten Seite an Seite mit Prophetinnen. Die Vision Joels wurde Wirklichkeit und eröffnete bisher ungeahnte Gestaltungsmöglichkeiten für die Frau. Das Neue Testament ist echt revolutionär auf diesem Gebiet. Das müssen wir uns unbedingt näher ansehen.

Die prophetische Rede war ein zentrales Element des urchristlichen Gottesdienstes. Aus 1. Korinther 12–14 entnehmen wir, dass Propheten in den Gottesdiensten Wortbeiträge einbrachten, die von den Anwesenden kommentiert wurden. Laut Apostelgeschichte spielten prophetische Eindrücke, Visionen und Auditionen eine wichtige Rolle für den Verlauf der urchristlichen Mission und nicht zuletzt für das Leben des Apostels Paulus. Es ist nicht übertrieben, wenn man die prophetische Rede als die wichtigste Gabe der Urkirche bezeichnet.

Wenn man genauer nach dieser wichtigen Gabe fragt – welches Bild ergibt sich da in Bezug auf den prophetischen Dienst von Frauen?

Gibt es Unterschiede zwischen Männern und Frauen, was die Ausübung dieser Gabe betrifft?

Hat Gott den Männern Gaben gegeben, die er den Frauen nicht gibt?

Und wenn eine Frau eine prophetische Gabe oder eine Lehrgabe hat – was dann?

Wie sollen Frauen in der Gemeinde prophetisch dienen, wenn sie doch zu schweigen haben?

Wieder einmal Fragen über Fragen.

Es lohnt sich, bei der Gabe der Prophetie etwas näher hinzublicken, denn mit ihr sind Männern und Frauen gleichermaßen vielfältige Möglichkeiten zum Dienst gegeben. Wir holen in diesem Kapitel zunächst einmal tief Luft und tauchen ein in die mannigfaltigen Erscheinungsformen der Prophetie in der Urkirche. Die Beschäftigung mit diesem Charisma ist aus zwei Gründen wichtig:

Erstens enthält das Neue Testament keine Hinweise darauf, dass bestimmte Gaben Männern vorbehalten sind. Bei Paulus findet sich – gerade im Zusammenhang mit der prophetischen Rede – die Aufforderung, «jeder» (1. Korinther 14,26) könne etwas zum Gottesdienst beitragen, «alle» (1. Korinther 14,31) hätten Gaben, die der versammelten Gemeinde zu Nutze kommen sollten. Es war eine Selbstverständlichkeit, dass Frauen am Gebet der Gemeinde teilnahmen und prophetische Beiträge einbrachten (1. Korinther 11,5). Man kann die Stellung der Frauen in der Urkirche und die sich ihnen bietenden Möglichkeiten nur dann verstehen, wenn man sich über Bedeutung und Ausübung der prophetischen Gabe im Klaren ist.

Zweitens gibt der Apostel Paulus in 1. Korinther 14 die Anweisung, dass Frauen im Gottesdienst schweigen sollten. In unmittelbarer Nähe zu dieser Anweisung finden sich Anordnungen bezüglich der Rederechte beim prophetischen Reden. Ist das vom Apostel geforderte Schweigen der Frau hier ein absolutes? Bezieht es sich möglicherweise nur auf das Kommentieren prophetischer Wortbeiträge? Die Tatsache, dass der Frau im Kontext der Ausübung der prophetischen Rede ein Schweigen verordnet wird, sie ansonsten jedoch prophetisch dient, und der Umstand, dass Prophetie die zentrale gemeinnützige Gabe in der Urkirche war, ist ausreichend Grund, die Bedeutung der Prophetie gründlich zu erfassen. Das soll in diesem Kapitel geschehen.

Prophetie als Enthüllung

Um die vielfältige Bedeutung der Prophetie zu erfassen, schlage ich vor, drei Dimensionen prophetischen Dienens voneinander zu unterscheiden: Prophetie als Enthüllung von Geheimnissen, als Wegweisung für den Glauben und als Ermutigung für die Gemeinde.

Prophetie als *Enthüllung von Geheimnissen* ist die am stärksten hervortretende Dimension. Sie lässt sich folgendermaßen beschreiben: In einem prophetischen Ereignis enthüllt Gott einem Menschen Wissen oder gibt ihm Einsicht, die dieser von sich aus nicht hat. Das kann durch eine Vision, eine Audition oder einen Gedanken geschehen oder dadurch, dass sich etwas als innere Gewissheit einstellt. Die Person gibt das von Gott enthüllte Geheimnis anderen Menschen weiter. Eine solche Person ist ein Prophet. Prophetie umfasst demnach das Element der Offenbarung (Gott enthüllt ein Geheimnis) und das Element der Weitergabe (das enthüllte Geheimnis wird angesagt).

Die enthüllende Dimension der Prophetie ist bei Jesus besonders ausgeprägt. Er sagte seinen Tod voraus (Matthäus 16,21) und wusste um die Verleugnung des Petrus (Matthäus 26,34). Er enthüllte auch die Zukunft seines Volkes Israel und sah bis an das Ende der Zeit voraus (Matthäus 24–25). Jesus sah auch die innersten Geheimnisse der Menschen. Als er einmal von einer Frau mit zweifelhaftem Ruf mit Öl gesalbt wurde, dachte sein Gastgeber: «Wenn er wirklich ein Prophet wäre, müsste er wissen, was das für eine Frau ist, von der er sich berühren lässt; er wüsste, dass sie eine Sünderin ist» (Lukas 7,39; EÜ). Jesus, der wusste, was sein Gastgeber dachte – darin zeigt sich, dass er ein Prophet war –, stellte ihm eine Frage und erteilte ihm eine Lektion über Liebe und Vergebung. Jesus enthüllte auch das Leben der Frau am Jakobsbrunnen. Er sagte ihr, dass sie fünf Männer gehabt habe, worauf die Frau antwortete: «Herr, ich sehe, dass du ein Prophet bist» (Johannes 4,18–19).

Die enthüllende Dimension der Prophetie findet sich auch in den Schriften des Apostels Paulus. In 1. Korinther 14,30 nennt er eine «Offenbarung» (*apokalypsis*) als Quelle einer Prophetie. Apokalypsis bedeutet «Offenbarung» bzw. «Enthüllung» und meint, dass etwas bisher Unbekanntes ans Licht kommt. Das stimmt mit 1. Korinther 13 überein, wo Paulus dem prophetischen Reden die Begriffe «Geheimnisse» und «Erkenntnis» zuordnet: «Und wenn ich prophetisch reden könnte und wüsste alle Geheimnisse und alle Erkenntnis ...» (1. Korinther 13,2; LB).

Von dieser Zuordnung aus kann man sagen: Prophetie bedeutet, Geheimnisse zu wissen, die Gott offenbart, und Erkenntnisse zu empfangen, die einem von sich aus nicht zugänglich sind.

Auch in 1. Korinther 14,24–25 schreibt Paulus der Prophetie eine enthüllende Dimension zu. Er geht davon aus, dass durch das prophetische Reden im korinthischen Gottesdienst aufgedeckt wird, was im Herzen von Ungläubigen ist: «Nehmt dagegen an, ihr alle verkündet prophetische Weisungen. Wenn dann ein Neuling, der noch nicht glaubt, hereinkommt, wird ihn alles, was er hört, von seiner Schuld überzeugen. Er wird sich von allen zur Rechenschaft gezogen sehen. Seine geheimen Gedanken kommen ans Licht. Er wird sich niederwerfen, wird Gott anbeten und bekennen: ‹Wahrhaftig, Gott ist mitten unter euch!›» (Hfa).[19]

Prophetie als Wegweisung

Prophetie ist nicht nur Enthüllung, sondern auch *Wegweisung*. Prophetie geschieht, wenn jemand der Gemeinde die von Gott offenbarte Wahrheit so verkündet, dass dadurch Wegleitung für den Glaubensweg geschieht. Das bereits Bekannte wird mit neuer Klarheit und auf die Situation der Hörer zugespitzt angekündigt.[20]

Prophetie ereignet sich somit auch in der Verkündigung. Das macht die Gabe der Prophetie für unser Thema so interessant. Denn wenn sich Prophetie und Verkündigung überschneiden und wenn Frauen in der Urkirche prophetisch redeten – wo ziehen diejenigen die Grenze, die der Frau die Weitergabe von Lehre untersagen?

Aktualisierte Verkündigung war die Essenz der alttestamentlichen Prophetie. Unermüdlich riefen die Propheten Israel zur Einhaltung des Gesetzes auf. Israel hatte sich am Sinai (2. Mose 19,5–6) verpflichtet, Jahwe zu dienen und in seinen Wegen zu wandeln. Der Ungehorsam gegen Gottes Gebote würde Fluch zur Folge haben. Da Israel sich über weite Strecken nicht an seine Verpflichtung hielt, war es die Aufgabe der Propheten, zum Gehorsam zu rufen, die Wahrheit zu lehren und den Fluch anzukündigen. Dort, wo das ewig gültige Wort Gottes treffend in eine Situation hineingesagt wird, sei es in der Verkündigung oder in einem persönlichen Gespräch, ereignet sich Prophetie als Wegweisung.

Prophetie lässt sich aber nicht auf Botschaften begrenzen, die durch spontane Offenbarung zustande kommen. Im Neuen Testament enthüllen Propheten nicht nur die Absichten Gottes, sondern geben auch eine festgelegte Botschaft weiter.[21]

In Matthäus 10 sendet Jesus seine Jünger aus und weist sie an, welche Botschaft sie auf welche Art und Weise verkündigen sollen. Im Zusammenhang mit der Aussendung der Jünger ist auch von Propheten die Rede, wenn man das Gesagte wörtlich versteht: «Wer euch aufnimmt, der nimmt mich auf, und wer mich aufnimmt, nimmt den auf, der mich gesandt hat. Wer einen Propheten aufnimmt, weil es ein Prophet ist, wird den Lohn eines Propheten erhalten» (Matthäus 10,40–41).

Jesus sendet mit den Jüngern möglicherweise auch Propheten aus. Es ist nicht ersichtlich, dass sie eine grundsätzlich andere Funktion als die Jünger haben. Ihre Botschaft ist nicht eine, die ihnen in ihrem Dienst durch den Heiligen Geist enthüllt wird, sondern sie ist festgelegt, wie die der Jünger auch («Geht aber und predigt und sprecht: Das Himmelreich ist nahe herbeigekommen. Macht Kranke gesund, weckt Tote auf, macht Aussätzige rein, treibt böse Geister aus!» – Matthäus 10,7; LB). Der Theologe Ulrich Wendel vermutet, dass die Propheten diese festgelegte Botschaft in prophetischer Weise zu den Menschen bringen, vor allem dadurch, dass sie sie treffend in die Situation der Zuhörer hineinsagen.

Wenn wir nach der Ausübung der prophetischen Gabe durch Frauen fragen, drängt sich die Frage auf: Welcher Zusammenhang besteht zwischen Prophetie und Lehre? Einerseits unterscheidet das Neue Testament Lehre von Prophetie (sie werden als jeweils eigenständige Gaben aufgeführt). Andererseits werden Prophetie und Lehre ähnliche Wirkungen zugeschrieben (beide ermutigen bzw. ermahnen und führen zu Erkenntnis): In Römer 12,8 ist die Ermutigung/Ermahnung eine eigenständige Gabe, während in 1. Korinther 14,3 die Ermutigung/Ermahnung als Wirkung und Ziel der Prophetie beschrieben wird. In 1. Korinther 12,8 erscheint Erkenntnis als selbständige Gabe, während in 1. Korinther 13,2 die Erkenntnis als Bestandteil der Prophetie genannt wird.

Diese Überschneidungen von Lehre und Prophetie macht die Sache wahrlich nicht einfacher. So viel sollte schon mal klar sein: Man kann den Frauen die Ausübung der prophetischen Gabe nicht grundsätzlich untersagen, nur weil man verhindern möchte, dass sie zu sehr in den Vordergrund treten, oder weil man fürchtet, sie würden die Grenze zur Lehre überschreiten. Einmal mehr: Angst ist kein guter Berater. Und eine schlechte Dienerin der Gemeinde Jesu. Denn die Angst bringt die Neigung zu unnötiger Einschränkung mit, oder um es mit Paulus zu sagen, zur Auslöschung bzw. Dämpfung des Wirkens des Geistes (1. Thessalonicher 5,19).

Der protestantische Theologe Wayne Grudem unterscheidet wie folgt zwischen Lehre und Prophetie: «Wenn die Botschaft das Resultat eines bewussten Nachdenkens über einen Text der Schrift ist und sowohl Interpretation als auch Anwendung für das Leben enthält, dann ist es Lehre. Wenn die Botschaft aber das Vermitteln von etwas ist, das Gott plötzlich ins Bewusstsein gebracht hat, dann ist es Prophetie.»[22]

Grudem stellt die enthüllende Dimension der Prophetie im Sinne eines spontanen Offenbarungsgeschehens in den Vordergrund. Doch diese Trennung zwischen Lehre und Prophetie wird im Neuen Testament in dieser Schärfe nicht vorgenommen.

Prophetie hat im Neuen Testament zweifellos eine lehrhafte Dimension. In Apostelgeschichte 15 wird berichtet, dass beim Apostelkonzil von Jerusalem ein Brief verabschiedet wurde, der die Heiden anwies, wie sie sich zu ihren jüdischen Mitchristen verhalten sollten.[23] Dieser Brief wurde den paulinischen Gemeinden überbracht. Er wurde nicht nur vorgelesen, sondern auch erläutert und auf die jeweilige Situation angewendet.

Diese Anwendung des Beschlusses war eine prophetische Aufgabe. Darauf weist Lukas hin, indem er zwei der Briefüberbringer ausdrücklich Propheten nennt: «Man verabschiedete die Abgesandten, und sie zogen nach Antiochia, riefen die Gemeinde zusammen und übergaben ihr den Brief. Die Brüder lasen ihn und freuten sich über die Ermunterung. Judas und Silas, selbst Propheten, sprachen ihnen mit vielen Worten Mut zu und stärkten sie» (Apostelgeschichte 15,30–32; EÜ). Den Brief zu erläutern und den Beschluss auf die jeweilige Situation anzuwenden war eine prophetische Aufgabe. In der Verkündigung geschieht also Prophetie im Sinne der Wegweisung.

Prophetie als Ermutigung

Die ausführlichste Abhandlung über die Gabe der Prophetie findet sich in 1. Korinther 14. In der Gemeinde von Korinth wurde die Gabe der Sprachenrede überbewertet, und offenbar redeten in den Zusammenkünften mehrere Sprachenredner gleichzeitig. Es gab Verwirrung durch den Missbrauch der Gaben, so dass Paulus die Korinther erinnern musste: «Gott ist nicht ein Gott der Unordnung, sondern des Friedens» (1. Korinther 14,33; LB).

Das Anliegen von 1. Korinther 14 lässt sich so zusammenfassen: Paulus stellt der Sprachenrede die Gabe der Prophetie gegenüber. Er bevorzugt Letztere für die Zusammenkünfte der Gemeinde, weil Prophetie mehr als jede andere Gabe die Gemeinde erbaut. Das gesamte Kapitel kann in drei Abschnitte eingeteilt werden:

In den Versen 1 bis 3 stellt Paulus die Prophetie als zu bevorzugende Gabe für die Zusammenkünfte der Gemeinde dar. Er ermuntert die Korinther, nach den Geistesgaben zu streben, vor allem aber nach der Gabe der prophetischen Rede. Er stellt die Sprachenrede als eine gute Gabe Gottes dar, weist jedoch darauf hin, dass sie für die Zusammenkünfte der Gemeinde von beschränktem Nutzen ist, weil sie nicht von allen verstanden wird. Im Gegensatz dazu sagt Paulus über die prophetische Gabe: «Wer aber prophetisch redet, der redet den Menschen zur Erbauung und zur Ermahnung und zur Tröstung» (1. Korinther 14,3; LB).

Der Lehrer und Pfarrer Steve Thompson ist der Auffassung, dass Paulus in diesem Satz die Gabe der Prophetie definiert.[24] Doch dadurch kommt es zu einer verengenden Sicht von Prophetie. Es liegt hier meiner Meinung nach keine Definition von Prophetie vor; Paulus will lediglich ihre *Wirkung* beschreiben. 1. Korinther 14,3 als Definition von Prophetie zu akzeptieren, scheitert an der Tatsache, dass Prophetie umfassender ist als Ermutigung, Ermahnung und Trost, sowie am Umstand, dass Lehre und Weisheit dem gleichen Ziel dienen. Dennoch wird eine wichtige Wahrheit über das Wesen der Prophetie zum Ausdruck gebracht. Paulus beschreibt diese Wirkung mit den drei Worten:

- *Oikodomē*. Wörtlich: Hausbau (*oikos* = Haus), und bedeutet «Auferbauung».
- *Paraklēsis*. Das Wort bedeutet sowohl «Ermutigung» als auch «Ermahnung» und ist ein sehr häufig verwendetes Wort im Neuen Testament.
- *Paramythia*. Das Wort bedeutet «Trost».

Eine wesentliche Wirkung der prophetischen Rede besteht also darin, dass sie tröstet und ermahnt und so zur Auferbauung der Gläubigen dient. Prophetie ist ihrem Wesen nach Ermutigung/Ermahnung. Das bedeutet, dass enthüllende und wegweisende Prophetie in ihrer Wirkung ermutigend, auferbauend und zurechtweisend sein muss.

In den Versen 4 bis 25 vergleicht Paulus die Sprachenrede mit der Prophetie. Es wird deutlich, dass eine Gabe für die Zusammenkünfte der Gemeinde nur insofern von Wert ist, als sie die Gemeinde auferbaut. Die Korinther hatten die Sprachenrede überbetont und die Prophetie vernachlässigt. Dieses Missverhältnis will der Apostel korrigieren. Seine Ausführungen gipfeln in der Aussage: «Aber ich will in der Gemeinde lieber fünf Worte reden mit meinem Verstand [nämlich prophetisch], damit ich auch andere unterweise, als zehntausend Worte in Zungen» (1. Korinther 14,19; LB). Hier zeigt sich, dass Prophetie unter anderem aus dem Grund erbaut, weil sie unterweisenden Charakter hat. Damit ist eine weitere Wirkung echter prophetischer Rede angeführt: Prophetie wirkt unterweisend, hat also ähnliche Wirkungen wie die Lehre. Die Grenze zwischen Prophetie und Lehre ist fließend. Beide ermutigen, ermahnen und wirken wegweisend.

In den Versen 26 bis 37 erteilt Paulus Anweisungen für die Anwendung der Prophetie in den Zusammenkünften der Gemeinde. Die Zusammenkünfte der Gemeinde in Korinth beschreibt er als spontanes und vielfältiges Geschehen: «Wenn ihr zusammenkommt, trägt jeder etwas bei: einer einen Psalm, ein anderer eine Lehre, der Dritte eine Offenbarung; einer redet in Zungen und ein anderer deutet es. Alles geschehe so, dass es aufbaut» (1. Korinther 14,26; EÜ).

Dann regelt Paulus den Gebrauch der prophetischen Gabe: «Von den Propheten aber sollen zwei oder drei reden, und die anderen sollen urteilen» (1. Korinther 14,29; ELB). Paulus spricht sich dafür aus, dass verschiedene prophetische Worte geäußert werden und die Gemeinde anschließend darüber urteilen bzw. es unterscheiden soll. Paulus hat beim Urteil über die Prophetien die gesamte Gemeinde im Blickfeld. Das Prüfen von Prophetien ist nicht die Aufgabe einiger Spezialisten, sondern ist der gesamten Gemeinde übertragen.[25]

In Vers 30 erscheint das wichtige Wort «Offenbarung», das im Zusammenhang mit Prophetie im Neuen Testament öfters zu finden ist. Paulus sagt: «Wenn aber einem andern, der dabeisitzt, eine Offenbarung zuteil wird, so schweige der Erste. Ihr könnt alle prophetisch reden, doch einer nach dem andern, damit alle lernen und alle ermahnt werden» (1. Korinther 14,30–31; LB). Paulus hat ein dynamisches Geschehen vor Augen, eine Zusammenkunft, in welcher der Heilige Geist durch Propheten zur Gemeinde spricht.

Grundsätzlich sind zwei Arten von Offenbarungen denkbar:

Spontane Offenbarung. Für Paulus scheint es den Normalfall darzustellen, dass Propheten während der Zusammenkünfte spontane Offenbarung empfangen, die sie dann der Gemeinde weitergeben. Der Geist kommt über einen Propheten, und dieser redet unter dem Einfluss des Heiligen Geistes. Diese Offenbarung muss interpretiert und angewendet werden. Deshalb ruft Paulus die Gemeinde auf, über die Prophetien zu urteilen.

Reflektierte Offenbarung. Nicht alles, was das Prädikat «Offenbarung» verdient, muss spontan sein. Eine Offenbarung kann von einem Propheten empfangen werden, die Weitergabe der Prophetie kann sich durchaus später ereignen. Zweifellos ist das bei der in Epheser 3,5 erwähnten Offenbarung von Paulus der Fall. «Offenbarung» kann im Neuen Testament eine Erkenntnis meinen, die durch Überlegung und über einen längeren Zeitraum hinweg zustande kommt. Das zeigen Stellen wie Matthäus 11,27; 16,17; Johannes 14,21; 1. Korinther 2,10; Epheser 1,17; Philipper 3,15. Es ist deshalb denkbar, dass prophetisch begabte Personen in Korinth Erkenntnisse weitergaben, die sie durch Nachdenken und Schriftstudium erworben hatten.

Die Stellung der Propheten

Die Stellung der Propheten in der Urkirche ist für den Dienst der Frau von besonderem Interesse. Welche Stellung nahmen sie ein? Die Antwort auf diese Frage bestimmt mit, welche «Positionierung» die Frau hatte, denn sie konnte wie der Mann als Prophetin zum Aufbau der Gemeinde beitragen.

Die Autorität in den örtlichen Gemeinden lag bei den Ältesten und Lehrern, nicht bei den Propheten. Die Gläubigen werden im Neuen Testament aufgefordert, ihren Lehrern zu gehorchen (Hebräer 13,17), nicht den Propheten. Die übergemeindliche Autorität lag bei den Aposteln. Paulus erwartete, dass seine Anweisungen in allen Gemeinden befolgt würden (1. Korinther 11,34; 14,33–34). Eine solche Autoritätsstellung wurde den Propheten nicht eingeräumt.

1. Thessalonicher 5,19–22 gibt uns Aufschluss über die Ausübung der prophetischen Gabe im urchristlichen Gottesdienst und über die Bedeutung, welche sie allgemein hatte.

In der Gemeinde von Thessalonich kursierten Fragen und Gerüchte im Zusammenhang mit der Wiederkunft Christi. Ein Grund dafür waren falsche Prophetien. Paulus schreibt am Anfang des 2. Thessalonicherbriefs: «Lasst euch nicht so schnell aus der Fassung bringen und in Schrecken jagen, wenn in einem prophetischen Wort oder einer Rede oder in einem Brief, der angeblich von uns stammt, behauptet wird, der Tag des Herrn sei schon da» (2. Thessalonicher 2,2; EÜ). Offenbar waren in Thessalonich prophetische Worte geäußert worden, die besagten, der Tag des Herrn (die Wiederkunft Christi) sei schon da. Das führte zu Unruhe und veranlasste den Apostel zu einer brieflichen Richtigstellung. Das Resultat ist der 2. Thessalonicherbrief.

Das besagte Problem bestand in der Gemeinde von Thessalonich schon seit einiger Zeit. Das zeigt der Schluss des 1. Thessalonicherbriefs. Beide Briefe wurden im selben Jahr verfasst, handeln also von der gleichen Situation. Am Schluss des 1. Thessalonicherbriefs finden sich vier zusammengehörende Aufforderungen: «Löscht den Geist nicht aus! Verachtet prophetisches Reden nicht! Prüft alles und behaltet das Gute! Meidet das Böse in jeder Gestalt!» (1. Thessalonicher 5,19–22; EÜ).

Diese vier Aufforderungen werfen einiges Licht auf die Wichtigkeit der Prophetie und den Umgang mit ihr: «Löscht den Geist nicht aus!» Paulus erinnert daran, dass Prophetie durch den Geist gewirkt ist. Dieses Wirken darf nicht ausgelöscht werden, denn Prophetie ist – auch wenn sie missbraucht werden kann – eine gute Gabe Gottes.

«Verachtet prophetisches Reden nicht!» Die Thessalonicher standen in der Gefahr, prophetisches Reden zu verachten, weil sie die Erfahrung machten, dass falsche Prophetien ausgesprochen wurden. Es ist bedeutsam, dass Paulus das prophetische Reden angesichts dieser Situation nicht unterbindet, sondern in die rechten Bahnen lenkt.

«Prüft alles und behaltet das Gute!» Prophetie muss geprüft werden. Paulus geht davon aus, dass jeder, der den Heiligen Geist hat, sich ein Urteil über Prophetien bilden kann. Der Apostel ermuntert zu einem gelassenen und positiven Umgang mit der Prophetie: Nur das Gute soll behalten werden. Offenbar betrachtete er es nicht als außergewöhnlich, dass sich Schlechtes und Unwahres in eine Prophetie mischen konnte.

«Meidet das Böse in jeder Gestalt!» Paulus räumt nicht nur die Möglichkeit ein, dass sich Menschliches in eine Prophetie mischen kann, er geht auch von der Möglichkeit aus, dass sich in ihr Böses finden lässt. Paulus führt nicht weiter aus, was er darunter versteht. Betrachtet man den Gebrauch des Wortes in den paulinischen Schriften, kann es sich sowohl um Böses menschlichen als auch satanischen Ursprungs handeln.

Die Ausführungen des Paulus über das Prüfen von Prophetien machen deutlich, dass im Neuen Testament Prophetie ein durchmischtes Phänomen war. Von lehrmäßig verbindlichen prophetischen Weisungen (Epheser 3,5) bis zu satanischen Einflüssen (1. Thessalonicher 5,22) konnte alles vorhanden sein. Umso wichtiger war der nüchterne Umgang mit Prophetien.

Das Prüfen von Prophetien ist im Neuen Testament von der alttestamentlichen Prüfung eines Propheten zu unterscheiden. Im Alten Testament waren die Israeliten aufgerufen, zu prüfen, ob in ihren Reihen ein echter oder ein falscher Prophet war. Ein falscher Prophet musste gesteinigt werden. Im Neuen Testament ist ein derart eindeutiges Urteil nicht möglich, sondern es geht darum, zu erkennen, was in einer Prophetie von Gott ist und was bloß menschliches Beiwerk ist.[26] Nicht der Mensch wird beurteilt, sondern der Inhalt seiner Rede.

Söhne und Töchter

Nun können wir Bilanz ziehen. Unsere Untersuchung der Prophetie hat gezeigt, dass Frauen zusammen mit Männern diese Gabe zum Nutzen aller einbringen können. Das Neue Testament kennt keine geschlechterspezifische Eingrenzung in der Ausübung der prophetischen Gabe. Das ist höchst bedeutsam und wirft einiges Licht auf den Dienst der Frau in der Urkirche:

- Frauen und Männern enthüllt Gott Geheimnisse und beauftragt sie, diese weiterzugeben.
- Frauen und Männer verkünden von Gott enthüllte Wahrheiten, so dass Wegleitung für den Glauben entsteht.
- Frauen und Männer sind sowohl begabt als auch berufen, prophetisch Ermutigung und Ermahnung an die Gemeinde weiterzugeben.

Im prophetischen Dienst von Männern und Frauen zusammen erfüllte sich die Vision des Propheten Joel:

> «In den letzten Tagen wird es geschehen, so spricht Gott: Ich werde von meinem Geist ausgießen über alles Fleisch. Eure Söhne und eure Töchter werden Propheten sein, eure jungen Männer werden Visionen haben, und eure Alten werden Träume haben. Auch über meine Knechte und Mägde werde ich von meinem Geist ausgießen in jenen Tagen, und sie werden Propheten sein» (Apostelgeschichte 2,17–18; EÜ; vgl. Joel 3,1–2).

Das Versprechen, dass Töchter und Mägde Prophetinnen sein können, soll sich gemäß Joel «in den letzten Tagen» erfüllen. Die «letzten Tage» aber bezeichnen nicht eine Periode am Ende der Geschichte, sondern begannen mit der Sendung Jesu (1. Petrus 1,20; 1. Timotheus 4,1–2; besonders Hebräer 1,1–2). Die

Apostel wussten sich mitten in den letzten Tagen, und diese letzten Tage setzen sich bis in unsere Zeit fort. Dass Frauen Prophetinnen sein können, ist somit ein Versprechen für die *Gesamtdauer* der letzten Tage und kennzeichnend für die ganze Zeit zwischen dem ersten und dem zweiten Kommen von Jesus Christus.

Will man denn unbedingt von einer geschlechtsspezifischen Einschränkung des prophetischen Dienstes im Alten Testament sprechen – Joel 3,1–2 hebt sie auf und stellt Männer und Frauen gleichberechtigt in den Dienst dieser außerordentlichen Gabe. Es wird noch zu prüfen sein, welches Betätigungsfeld sich den Frauen in der Urkirche als Lehrerinnen und Leiterinnen bot. Doch schon jetzt lässt sich sagen, dass sich die Frauen durch das Charisma der Prophetie konstitutiv am Aufbau der Urkirche beteiligten. Dieser bemerkenswerte Umstand macht es schwierig, den Frauen Leitungsaufgaben zu verwehren und Lehrtätigkeiten zu untersagen, ohne sich dem Vorwurf aussetzen zu müssen, Gottes Wort zu beschneiden.

Von Joel 3 aus lässt sich sagen: Die Gemeinde Jesu ist der Ort, wo das Verhältnis der Geschlechter zurechtgerückt werden soll und kann. Männer und Frauen erfahren durch die Erlösung in Christus denselben Wert und dieselbe Würde (Galater 3,28). Diese erlöste Stellung will nicht bloßes Gedankengebäude sein, sondern drängt zur praktischen Umsetzung.

Gerade die Gabe der Prophetie macht deutlich, dass Männer und Frauen Seite an Seite die Gemeinde ermutigen und unterweisen. Allerdings geht es hier um mehr als ein bloßes Nebenprodukt der Erlösung. Es geht um ein heiliges Experiment mit dem Ziel der Wiederherstellung des ursprünglich ungetrübten Verhältnisses zwischen Mann und Frau.

So gesehen ist die Gemeinde mehr als nur Hüterin der Wahrheit. Sie kann ihren Auftrag niemals nur in der Verteidigung biblischer Positionen wahrnehmen. Gemeinde, wenn sie Gemeinde Gottes sein will, muss auch gestalten, verändern, wiederherstellen. Die christliche Gemeinde ist das Laboratorium der neuen Menschheit, die Gott schafft (Epheser 2,15), in der alles – auch das Verhältnis zwischen Mann und Frau – zurechtgerückt wird. Oder anders ausgedrückt: Sie ist der Ort, wo Gott schon begonnen hat, alles neu zu machen (Offenbarung 21,1) – auch das Verhältnis der Geschlechter.

Kapitel 8
Achten Sie auf Details!

Im Neuen Testament begegnen uns fast ausschließlich Männer in leitenden Funktionen. Für die Antike – dies galt für den jüdischen Kulturkreis in stärkerem Maß als für den griechischen – war dies der Normalfall. Die Gesellschaft war patriarchalisch geprägt. Das öffentliche Leben wurde fast ausschließlich von den Männern bestritten, die politischen Ämter waren ihnen vorbehalten.

Das Neue Testament entspricht diesen Gepflogenheiten über weite Strecken. Es enthält aber auch Zeugnisse darüber, dass Frauen in der Urkirche zuweilen leitende Aufgaben wahrnahmen. Diesen Zeugnissen – es handelt sich um einzelne Texte, Verse oder beiläufige Bemerkungen – wenden wir uns nun zu. Wir werden sehen, dass es sich lohnt, auf Details zu achten und nach der Bedeutung von bestimmten Wörtern oder Namen zu fragen.

Lehrerin

Zeugnisse dafür, dass sich Frauen – abgesehen von der Ausübung der prophetischen Gabe – in der Verkündigung und in der Weitergabe von Lehrinhalten betätigten, sind weder zahlreich, noch liefern sie uns eindeutige Ergebnisse. Sie enthalten jedoch interessante Hinweise, die das ansonsten unscharfe Bild etwas deutlicher werden lassen.

Lukas berichtet in der Apostelgeschichte, dass am Pfingsttag des Jahres 31 n. Chr. in der zum Gebet versammelten Urkirche Männer und Frauen mit dem Heiligen Geist erfüllt wurden. Frauen werden ausdrücklich in das Geschehen einbezogen: Die Apostel waren «alle» zum Gebet versammelt, «zusammen mit den Frauen und mit Maria, der Mutter Jesu» (Apostelgeschichte 1,13–14; EÜ). Diese befanden sich am Pfingsttag «alle» (Apostelgeschichte 2,1) am gleichen Ort, worauf «alle» mit dem Heiligen Geist erfüllt wurden und begannen, «zu predigen in andern Sprachen» (Apostelgeschichte 2,4; LB) und die großen Taten Gottes zu verkünden (Apostelgeschichte 2,11).

Der Bericht des Lukas enthält keinen Hinweis darauf, dass die Verkündigung der großen Taten Gottes ausschließlich durch die Apostel geschah. Er hebt ausdrücklich hervor, dass auch Frauen in das Geschehen einbezogen waren. Das erstaunt nicht, denn Lukas ist der Evangelist, der besonderes Augenmerk auf Frauen und andere sich am Rand der jüdischen Gesellschaft befindende Personen oder Gruppen richtet.

Das Lukas-Evangelium ist auch dasjenige, das die Aufmerksamkeit auf zahlreiche kleine Details lenkt, welche bei den anderen Evangelisten nicht zentral waren. Die besondere Erwähnung von Frauen dürfte also kein Zufall sein.

Und schließlich ist Lukas auch der Evangelist, der das größte Interesse am Wirken des Heiligen Geistes zeigt. Es ist nicht zu viel in den Text hineingelesen, wenn man Lukas mit seinem detaillierten Bericht über das Zugegensein von Frauen am Pfingstfest eine theologische Absicht zuschreibt. Denn auf den Umstand, dass auch Frauen in fremden Sprachen die großen Taten Gottes verkündigten, folgt die theologische Rechtfertigung dieser Tatsache, indem Lukas die Prophetie Joels von der Ausgießung des Geistes in voller Länge zitiert (Apostelgeschichte 2,17–21).

Für Lukas gehört die Beteiligung der Frauen an der prophetischen Verkündigung zu einem festen Bestandteil des urkirchlichen Dienstverständnisses, nicht nur in Apostelgeschichte 2,11, sondern auch in Kapitel 21,9 und in Lukas 1,46–55 und 2,36–38.

Damit haben wir durch ein genaues Betrachten des Bibeltextes schon einiges über die Rolle von Frauen in Erfahrung bringen können. Und es gibt noch mehr zu entdecken – sowohl in der Apostelgeschichte als auch in den Briefen des Paulus.

In Apostelgeschichte 18,26 begegnet uns das Ehepaar Priszilla und Aquila. Von ihnen heißt es, dass sie Apollos, einem jüdischen Verkündiger, der in seiner Kenntnis des Evangeliums Lücken hatte, «den Weg Gottes genauer» darlegten. Der «Weg» ist bei Lukas Bezeichnung für das Evangelium (Apostelgeschichte 9,2; 18,25). Das Ehepaar hatte offenbar die Gabe der Lehre und gebrauchte diese, um Apollos zu unterrichten, der immerhin redekundig und in der Schrift bewandert war (Apostelgeschichte 18,24).

Bemerkenswert ist der Umstand, dass Priszilla durchwegs *vor* ihrem Mann genannt wird, was nicht der Sitte entsprach (na ja, beinahe durchwegs; bei Luther wird Aquila zuerst genannt, auch wenn im griechischen Grundtext «Priskilla» als Erste dasteht ...). Das könnte darauf hinweisen, dass sie die Schriftkundigere war und ihr Mann sie in ihrem Dienst unterstützte. Dass dieser Gedanke nicht an den Haaren herbeigezogen ist, kann aus der Grußliste des Apostels Paulus am Schluss des Römerbriefes herausgelesen werden. Paulus «grüßt die Priska und den Aquila, meine Mitarbeiter in Christus Jesus, die für mein Leben ihren Hals hingehalten haben, denen nicht allein ich danke, sondern alle Gemeinden unter den Heiden. Grüßt auch die Gemeinde in ihrem Hause» (Römer 16,3–5; LB).

Priszilla und Aquila waren offenbar Leiter einer Gemeinde in Rom. Überdies hatten sie in früheren Jahren mit Paulus zusammengearbeitet, dabei ihr Leben für den Apostel aufs Spiel gesetzt. Der warmherzige Gruß, welchen der Apostel ihnen sendet, und der Hinweis, dass ihre Taten in den paulinischen Gemeinden berühmt waren, lässt erahnen, wie hoch Paulus ihre Mitarbeit schätzte. Dieses Ehepaar hatte, ehe es nach Rom kam, offenbar einen gemeindeübergreifenden Dienst in Griechenland versehen, welcher höchster Anerkennung würdig war. Das Verhältnis des Apostels zu Priszilla und Aquila schien sehr eng gewesen zu sein. Paulus grüßt sie mit ihrem Kosenamen Priska, was etwa so viel wie «Priskalein» bedeutet.

In Priszilla und Aquila begegnet uns, was den Dienst von Mann und Frau betrifft, ein ideales Ehepaar. Man mag zu viel in die Erstnennung von Priszillas Namen hineinlesen, wenn man in ihr die in geistlicher Hinsicht Führende versteht – klar aber ist: Dieses Ehepaar bildete eine starke und fruchtbare Dienstgemeinschaft, in welcher die Ergänzung der Gaben und Persönlichkeiten im Vordergrund stand.

Im Brief an Titus weist Paulus die älteren Frauen auf ihre Rolle als Vorbilder und Lehrerinnen der jüngeren Frauen hin. Ältere Frauen sollten «fähig sein, das Gute zu lehren, damit sie die jungen Frauen dazu anhalten können, ihre Männer und Kinder zu lieben, besonnen zu sein, ehrbar, häuslich, gütig und ihren Männern gehorsam, damit das Wort Gottes nicht in Verruf kommt» (Titus 2,3–5; EÜ).

Diese Anweisung ist Teil der sogenannten «christlichen Haustafel», wie sie wiederholt in den paulinischen Briefen zu finden ist. Es handelt sich um Anweisungen, wie sich Männer, Frauen, Kinder, Sklaven und Herren entsprechend ihrem gesellschaftlichen Stand verhalten sollten, um das Evangelium nicht in Misskredit zu bringen.

Diese Texte erheben nicht den Anspruch einer Definition, was ein Christ entsprechend seinem gesellschaftlichen Stand darf und was nicht. Es wird in ganz grundsätzlicher Art und Weise festgehalten, welche Verhaltensweisen und welche Aufgaben dem jeweiligen Stand entsprechen. Von den älteren Frauen wurde erwartet, dass sie sich als gute Lehrerinnen der jüngeren Frauen erwiesen, indem sie Letztere in ihre Aufgabe als Mütter und Ehefrauen einführten. Eine Eingrenzung der Lehrtätigkeit der Frau liegt nicht in der Absicht des Textes. Der Apostel legt keinen Bereich fest, innerhalb dessen die Frauen lehren und den sie aber nicht überschreiten dürfen. Er weist die älteren Frauen nur darauf hin, in welcher Weise (durch ihr Vorbild) und für wen (die jüngeren Frauen) sie ihre Erfahrung nutzbar machen und sie entsprechend unterweisen sollten.

Dienerin

Die wenigsten Christen haben damit Probleme, dass Frauen als Diakoninnen oder Gemeindehelferinnen tätig sind. Mit diesen Begriffen verbinden wir in der Regel bestimmte Tätigkeiten von Frauen, und klar ist, dass es sich dabei *nicht* um Leitungsaufgaben handelt. Wie die Begriffe sagen, «dienen» diese Frauen oder «helfen» dem Leitungsteam oder dem Pastor in ihrer Aufgabe. So ungefährlich «Dienerin» oder «Diakonin» klingt – an diesem Wort ist mehr dran, als wir auf den ersten Blick denken.

Das Neue Testament kennt zwei Ämter: das des Ältesten (auch Aufseher oder Bischof genannt) und das des Diakons. Der Begriff Diakon (*diakonos*)[27] war ursprünglich eine allgemeine Bezeichnung für jemanden, der diente. Er entwickelte sich erst in der zweiten Hälfte des 1. Jahrhunderts n. Chr. zu einem Begriff für eine fest umrissene Funktion in der Gemeinde. Wichtig ist: Es handelte sich nicht um eine Geschlechts-, sondern um eine Amtsbezeichnung. Männer und Frauen konnten Diakone sein. Im Neuen Testament ist zwei Mal von Diakoninnen die Rede:

In Römer 16,1 empfiehlt Paulus den Christen in Rom «unsere Schwester Phöbe, die eine Dienerin der Gemeinde von Kenchreä ist» (ELB). Wir können davon ausgehen, dass Phöbe die Überbringerin des Briefes war. Die Wortwahl des Apostels lässt darauf schließen, dass Phöbe einen bestimmten Dienst in der Gemeinde von Kenchreä versah. Was dieser beinhaltete, kann aus der Distanz nicht gesagt werden.

Ob es zur Zeit der Abfassung des Römerbriefes das Amt der Diakonin bereits gab, ist unsicher. Dennoch spricht einiges dafür. Denn Paulus hätte, wie in Römer 15,25, das Verb *diakoneo* (dienen) oder wie in 1. Korinther 16,15 das Substantiv *diakonia* (Dienst) gebrauchen können.[28] Damit hätte er zu verstehen gegeben, dass Phöbe die Eigenschaften einer Dienerin hatte. Wenn er nun aber die Amtsbezeichnung *diakonos* verwendet, weist das darauf hin, dass Phöbe als Diakonin von Kenchreä in offizieller Mission unterwegs war. Sie scheint eine vertrauenswürdige und fähige Frau gewesen zu sein. Denn ein Brief von der Wichtigkeit des Römerbriefs vertraute man nicht irgendjemandem an.

Das zweite Mal ist in den Pastoralbriefen von Diakoninnen die Rede. Das 3. Kapitel des 1. Timotheusbriefes widmet sich dem Ältesten- und Diakonenamt. Dabei hat Paulus drei Gruppen im Fokus:

Zuerst beschreibt er in den Versen 1 bis 7 die Qualifikationen für Älteste. Das Ältestenamt war offensichtlich Männern vorbehalten, denn von weiblichen Ältesten spricht das Neue Testament nicht.

Dann erfolgt in den Versen 8 bis 13 nach dem einleitenden «Ebenso sollen die Diakone sein» die Qualifikationen für Diakone. Ebenso wie die Ältesten sollen sie Vorbilder sein. Die Anforderungen sind im Wesentlichen dieselben wie bei den Ältesten, werden aber knapper gehalten, und es wird hinzugefügt, dass Diakone eine Probezeit bestehen sollen.

Innerhalb der Qualifikationen für Diakone erfolgen in Vers 11 nach dem einleitenden «Ebenso sollen die Frauen» die Anforderungen für weibliche Diakone. Es handelt sich nicht um die Frauen der Diakone, sondern offensichtlich um Diakoninnen. Das zeigt sich daran, dass Paulus im Zusammenhang mit den Diakonen nicht von «ihren» oder «den» Frauen redet (die Lutherbibel, die Elberfelder und die Einheitsübersetzung sind hier ungenau), sondern wörtlich von «Frauen ebenso» (Neue Genfer Übersetzung und Hoffnung für alle sind hier im Sinn korrekter).

Es handelt sich also um eine kurze Anforderungsliste für Diakoninnen. Dem Einwand, es könnte sich sehr wohl um die Frauen der Diakone handeln, kann entgegengehalten werden: Es wäre unverständlich, wenn es für die Frauen der Ältesten keine Qualifikationen gäbe, für die Frauen der Diakone hingegen schon. Der Text ist nur schlüssig, wenn man von der Qualifikationsliste für Älteste ausgeht (Vers 1 bis 7), für Diakone (Vers 8 bis 13) und hineingeschoben für Diakoninnen (Vers 11).

Wir halten fest: Die Urkirche kannte das Amt der Diakonin, das so wichtige Aufgaben wie die Überbringung (und möglicherweise auch Erläuterung) eines Briefes wie den an die Römer beinhaltete. Ansonsten gibt uns das Neue Testament kaum Aufschluss über Stellung und Aufgabe der Diakoninnen.

Apostelin?

Wir können gleich noch bei Phöbe und dem Römerbrief verweilen. Denn in dem kurzen Hinweis auf den Dienst dieser

Frau begegnet uns ein Wort, das aufhorchen lässt. Paulus empfiehlt Phöbe als Briefüberbringerin mit den Worten: «Nehmt sie freundlich auf, wie es für Christen selbstverständlich ist. Ihr tut es ja für den Herrn. Steht ihr bei, wo immer sie eure Hilfe braucht. Sie selbst hat auch vielen geholfen, die in Not waren, nicht zuletzt mir» (Römer 16,2; Hfa). Wörtlich schreibt Paulus: «Sie ist vielen eine *prostatis* gewesen, auch mir selbst.» Das männliche *prostates* bedeutet Vorsteher, Vorgesetzter, Leiter, Aufseher, Verteidiger, Beschützer. Das weibliche *prostatis* hat dasselbe Bedeutungsspektrum.

Bemerkenswert ist, mit welcher Selbstverständlichkeit Paulus Phöbe eine Leiterin nennt. Offenbar hatte niemand Probleme damit, dass Frauen in der Urkirche leitende Positionen einnahmen.

Wir haben es also bei Phöbe mit einer Leiterin zu tun. Aber in welchem Sinn?

Die vielfältige Bedeutung des Wortes öffnet Raum für Spekulationen. Klar dürfte sein, dass Übersetzungen wie: sie habe «vielen, darunter auch mir, geholfen» (Einheitsübersetzung) oder «sie ist vielen ein Beistand gewesen, auch mir selbst» (Elberfelder Übersetzung), zu schwach sind. Es ist denkbar und sprachlich möglich, dass Phöbe eine leitende Aufgabe in der Gemeinde von Kenchreä hatte. Sie könnte einem Bereich der dortigen Gemeinde vorgestanden haben. Oder die Verantwortung für bestimmte Leute getragen haben. Oder eine Hausversammlung geleitet haben. Warum auch nicht? Warum sollte es nicht so etwas wie eine Debora des Neuen Testaments geben?

Und gleich noch einen interessanten Hinweis liefert uns dieses letzte Kapitel des Römerbriefs.

In Vers 7 grüßt Paulus «Andronikus und Junias, die zu meinem Volk gehören und mit mir zusammen im Gefängnis waren; sie sind angesehene Apostel und haben sich schon vor mir zu Christus bekannt» (EÜ). Junias – wörtlich: *Junian* bzw. *Junia* – ist nicht ein männlicher, sondern ein weiblicher Name.[29] Wahrscheinlich handelte es sich um ein Ehepaar. Paulus bezeichnet sie als «angesehene Apostel».

Die griechische Wortkonstruktion *episēmoi en tois apostolois* kann «berühmt unter den Aposteln» bedeuten und zwar in dem Sinne, dass beide zu den Aposteln gehörten. Oder es kann «berühmt bei den Aposteln» heißen und bedeuten, dass beide bei den Aposteln hoch angesehen waren. Nach Dunn und anderen Auslegern ist die Interpretation «berühmt unter den Aposteln» vorzuziehen. Das böte keine theologischen Probleme, denn *apostolos* bedeutet «Gesandter», «Bote» oder eben «Apostel».

Das Wort «Apostel» war kein Begriff, der für die Zwölf und für Paulus reserviert war. So werden in Apostelgeschichte 14,14 Barnabas und Paulus als Apostel bezeichnet. Und in 1. Thessalonicher 2,7 bezeichnet Paulus sich selbst, Silvanus und Timotheus als Apostel Christi. Ein Apostel war im allgemeinen Sinn des Wortes einfach ein Gesandter mit einer Botschaft.

Man kann es drehen und wenden, wie man will – eine Frau wird von Paulus in den Rang einer herausragenden Botschafterin des Evangeliums erhoben, sie wird von allen Seiten hoch geschätzt und gehörte zum Mitarbeiterstab des Apostels Paulus.

Keine Mauerblümchen

Dass Frauen lehren, dienen und leiten, entsprach offenbar dem Normalzustand in der Urkirche. Paulus zögert keinen Augenblick, die Verdienste von Frauen hervorzuheben und sie für leitende Aufgaben zu empfehlen. Von einem Mauerblümchendasein von Frauen in der Urkirche keine Spur! Frauen als Gemeindeleiterinnen oder als Verkündigerinnen des Evangeliums – damit hatte Paulus offenbar keine Schwierigkeiten.

Vielleicht aber sind wir eben etwas voreilig gewesen. Denn im Neuen Testament finden sich ja von demselben Paulus die Anweisungen, Frauen hätten im Gottesdienst zu schweigen und dürften nicht lehren. Diesen Texten wenden wir uns deshalb nun zu.

Kapitel 9
Zielscheibe Frau

«Ich erlaube aber einer Frau nicht zu lehren ...» So steht es klipp und klar in 1. Timotheus 2,12 (ELB).

Kann man, angesichts einer solchen Aussage, den Frauen erlauben, in unseren Gemeinden zu predigen?

Ich denke ja.

Und zwar nicht «einfach so» und auch nicht, «weil man heute nicht mehr so rückständig sein kann». Sondern: Weil ein sorgfältiges Betrachten von 1. Timotheus 2,12 den Schluss nahelegt, dass es sich nicht um eine die Zeiten überschreitende Weisung handelt.

Das klingt für manche von uns stark danach, als wolle hier einer die Bedeutung der Bibel als Wort Gottes schmälern. Aber gerade das will ich nicht. Ich will den Bibeltext in seinem ganzen Zusammenhang ernst nehmen und nicht auf der bloßen Fläche einer Nagelspitze meine Argumentation aufbauen.

Zunächst einige Gedanken, die uns helfen, uns dem Text aus dem 1. Timotheusbrief zu nähern, nachdem wir schon eine beträchtliche Strecke auf unserer Reise hinter uns gebracht haben:

Nachdem wir uns einen Überblick über die Möglichkeiten des Dienstes der Frau in der Urkirche verschafft haben, können wir uns in diesem und den nächsten Kapiteln einigen umstrittenen Texten widmen. Wir befassen uns mit biblischen Aussagen, die ich in einem früheren Kapitel als «zweite Kategorie» von Texten bezeichnet habe. Es handelt sich um Aussagen, die in eine bestimmte Situation hinein geschrieben wurden, um ein bestimmtes Problem zu entschärfen oder eine bestimmte Frage zu beantworten.

Wichtig für uns ist in diesem Zusammenhang die Frage: Was für ein Problem wollte Paulus entschärfen, als er den 1. Timotheusbrief schrieb?

Ohne eine klare Antwort auf diese Frage dürfen wir uns nicht anmaßen, die Bedeutung seiner Worte «dass eine Frau lehrt, erlaube ich nicht» korrekt zu interpretieren.

Auch den Zusammenhang zwischen Lehre und Prophetie gilt es zu bedenken. Unsere Untersuchung der Prophetie in Kapitel 7 rückte die Ausübung der prophetischen Gabe in die Nähe der Verkündigung. Wer prophetisch redet, erbaut und ermahnt die Gemeinde und unterweist sie. Derselbe Paulus, der diese in der Urkirche hoch geschätzte Tätigkeit ohne Unterschiede Mann und Frau zuschreibt, weist seinen Mitarbeiter Timotheus an, den Frauen das Lehren zu verbieten. Dieser Umstand stellt uns vor die Frage: Warum sollten Frauen durch die Ausübung ihrer prophetischen Gabe Wegleitung für den Glauben weitergeben, jedoch nicht lehren dürfen?

Vorsicht, Krebsgeschwür!

Klar ist zuerst einmal: In 1. Timotheus 2,9–15 spricht Paulus ein Lehrverbot für die Frauen in Ephesus aus. Es geht nicht um Frauen irgendwo, sondern um Frauen in Ephesus. Das ist wichtig. Diese Verse dürfen nicht isoliert betrachtet werden, sie gehören zu einem Abschnitt, in welchem sich Paulus mit der Aufgabe und dem Verhalten der Geschlechter in der Gemeinde beschäftigt. 1. Timotheus 2,9–15 ist sachlich eng mit 5,3–15 verbunden, wie wir noch sehen werden.

Wie sieht der Kontext des Lehrverbots konkret aus?

Der 1. Timotheusbrief bildet zusammen mit dem 2. Timotheusbrief und dem Brief an Titus die sogenannten Pastoralbriefe. Der Zweck der Pastoralbriefe wird in 1. Timotheus 1,3 benannt. Paulus schrieb an Timotheus: «Bei meiner Abreise nach Mazedonien habe ich dich gebeten, in Ephesus zu bleiben, damit du bestimmten Leuten verbietest, falsche Lehren zu verbreiten» (EÜ).

Paulus hatte schon früh die Gefahr erkannt, dass die Gemeinde von Ephesus von falschen Lehren erschüttert werden würde (Apostelgeschichte 20,17–35). 1. Timotheus 1,3 macht deutlich, dass der Zweck der beiden Timotheusbriefe darin bestand, Timotheus zum Durchgreifen gegen falsche Lehrer zu ermächtigen, die nach der Abreise des Apostels begonnen hatten, ihr Unwesen zu treiben.

Wir können 1. Timotheus 2,9–15 nur dann richtig verstehen, wenn wir uns bewusst machen, welches die falschen Lehren waren, die in Ephesus Probleme verursachten. Worin bestanden die falschen Lehren, und inwiefern waren sie eine Bedrohung? Um diese Fragen zu beantworten, befassen wir uns zuerst mit einigen ausgewählten Texten aus den beiden Timotheusbriefen.

In 1. Timotheus 1,4 erfahren wir, dass die falschen Lehren mit «Fabeln» und «endlosen Geschlechtsregistern» zu tun hatten. Dass es sich dabei nicht um Diskussionen über nebensächliche Dinge handelte, wird in 1. Timotheus 4,1–3 deutlich. Dort charakterisiert Paulus die falschen Lehren, die sich in Ephesus ausgebreitet hatten, als «Lehren von Dämonen», denen sich einige der Gemeinde zugewandt hatten. Zu diesen falschen Lehren gehörten das Verbot zu heiraten und die Forderung, auf gewisse Speisen zu verzichten.

Etwas später im selben Brief, in Kapitel 6,20–24, benennt der Apostel die falschen Lehren näher. Er warnt vor den «falschen Lehren» der sogenannten *gnosis* (Erkenntnis). Die Lehre der griechischen Gnosis kam erst später, im 2. Jahrhundert n. Chr., zu ihrer vollen Blüte. Die Gnostiker glaubten, Seele und Geist des Menschen seien göttlichen Ursprungs. Der kosmische Lichtfunken im Menschen werde von bösen Mächten gefangen gehalten. Das Ziel der Gnostiker war die mystische Vereinigung mit dem Göttlichen.[30]

Zur Zeit des Apostels Paulus befand sich die Gnosis noch in einem Frühstadium. Welche Ausprägung sie zu jener Zeit und insbesondere in Ephesus aufwies, können wir nicht mit Bestimmtheit sagen. Aus dem 1. Timotheusbrief erfahren wir aber, dass die Gnostiker die Ehe als Hindernis für die Vereinigung mit dem Göttlichen betrachteten (1. Timotheus 4,3). Dies dürfte der Grund dafür gewesen sein, dass sie die Leute, die in ihrem Einflussbereich standen, zum Verzicht auf die Ehe aufforderten.

Wie tief diese lebensfeindliche Lehre in das Gemeindeleben von Ephesus schnitt, lässt sich aus 2. Timotheus 2,15–18 erahnen. Die Lehre der Gnosis werde sich «wie ein Krebsgeschwür» ausbreiten. Paulus nennt zwei ihrer Vertreter: Hymenäus und Philetus. Sie waren Christen, die «von der Wahrheit abgeirrt» waren und behaupteten, «die Auferstehung sei schon geschehen». Diese beiden Männer waren mit missionarischem Eifer dabei, ihre Ansichten zu verbreiten, und hatten Erfolg damit, denn durch ihre falschen Lehren haben sie schon manche «vom Glauben abgebracht».

Aus 2. Timotheus 3,6–8 erfahren wir, bei wem die falschen Lehrer die größten Erfolge verbuchen konnten: den Frauen.

Dieser Umstand macht hellhörig. Frauen werden zu Opfern von Irrlehrern, sie verbreiten die falschen Lehren durch ihr Geschwätz. Diesen Frauen wird gesagt, sie dürften nicht lehren.

Das passt doch irgendwie zusammen, nicht wahr?

Noch etwas genauer: Die falschen Lehrer schlichen sich «in die Häuser» ein und zogen dort «gewisse Frauen» auf ihre Seite. Der Apostel bezeichnet die von den falschen Lehrern verführten Frauen als «mit Sünden beladen» und «von mancherlei Begierden getrieben» (2. Timotheus 3,6–8). Es scheint, dass bei den Frauen ein Wissensdurst vorhanden war, den die falschen Lehrer zu stillen versprachen, denn Paulus bezeichnet sie als Frauen, die «immer lernen und niemals zur Erkenntnis der Wahrheit kommen können» (ELB). Die falschen Lehrer bezeichnet Paulus als Christen, deren Denken durch die griechische Gnosis «verdorben» worden war und die «untüchtig zum Glauben» waren (2. Timotheus 3,7–9; LB).

Wenn wir uns mit der Situation in Ephesus befassen, betreten wir offensichtlich ein Schlachtfeld, auf dem ein heftiger Kampf tobt. Das muss in der Auslegung unbedingt berücksichtigt werden.

Frauen mitten im Schlachtfeld

Wenn wir dieses Schlachtfeld betreten – welches Bild bietet sich da? Dieses: Die Lehrer der Erkenntnis stießen bei etlichen Frauen auf große Resonanz. Sie waren das Einfallstor, durch das die Irrlehrer in die Gemeinde eindrangen, und das mit Erfolg. Dieser Eindruck bestätigt sich, wenn wir unsere Aufmerksamkeit auf 1. Timotheus 5,3–16 lenken. Eine sorgfältige Beobachtung dieses Textes erlaubt es uns, die Situation in Ephesus, die Anlass zu einem Lehrverbot für Frauen gab, rückzuerschließen:

In Vers 3 weist Paulus Timotheus an, die Witwen zu ehren, die wirklich Witwen sind. Die weiteren Anweisungen des Apostels fördern zu Tage, dass es viele «unechte» Witwen in Ephesus gab und diese ein existenzielles Problem für die Gemeinde darstellten.

In den Versen 4 bis 8 legt Paulus Wert darauf, dass die Witwen zunächst von ihren Verwandten versorgt werden sollten. Er beschreibt den Lebenswandel einer «richtigen» Witwe und nennt erstmals einen Teil des Problems beim Namen: «Wenn eine jedoch ein ausschweifendes Leben führt, ist sie schon bei Lebzeiten tot» (Vers 6; EÜ).

Aus den Versen 9 bis 10 ist ersichtlich, dass in der Gemeinde von Ephesus die Witwen in Listen aufgenommen und von den Gläubigen versorgt wurden. Paulus will, dass nur solche Witwen aufgenommen werden, die über 60 Jahre alt sind und sich durch einen entsprechenden Lebenswandel ausgezeichnet haben.

Die strikten Anweisungen des Apostels lassen erahnen, dass die Witwenlisten missbraucht wurden, was sich in den Versen 11 und 12 bestätigt. Jüngere Witwen sollten nicht in die Liste aufgenommen werden: «Junge Witwen dürfen nicht in die Liste aufgenommen werden. Denn wenn ihre Leidenschaft groß ist und sie eines Tages doch wieder heiraten wollen, halten sie ihr Versprechen nicht, Christus allein zu dienen. Auf ihnen lastet dann der Vorwurf, ihr Versprechen Christus gegenüber gebrochen zu haben» (Vers 12; Hfa).

Offenbar gab es jüngere Witwen, die das Versprechen der Ehelosigkeit abgelegt hatten, dann aber in «Leidenschaft» gerieten und ein ausschweifendes Leben führten. Auf diese Weise wurden sie «ihrem Versprechen [ehelos zu leben um Christi willen] untreu», wurden aber weiterhin auf der Witwenliste geführt.

Das Problem verschärfte sich gemäß Vers 13 insofern, als viele der unterstützten Witwen «faul» wurden. Sie mussten ja nicht mehr für ihren Lebensunterhalt sorgen. In der Folge liefen sie «von Haus zu Haus» und beschäftigten sich mit Dingen, «die sie überhaupt nichts angehen» (Hfa).

Wir können davon ausgehen, dass sie die in 1. Timotheus 4,1–3 genannte Lehre, nämlich dass man nicht heiraten solle, verbreiteten, gleichzeitig aber ein sexuell ausschweifendes Leben führten. Diese Frauen waren für die Lehrer der Gnosis eine dankbare Masse, um ihre irrigen Ansichten sauerteigartig in die Gemeinde hineinzubringen.

Angesichts dieser Missstände weist Paulus in Kapitel 5,14 die Frauen in Ephesus auf ihre eigentliche Rolle hin: Die jüngeren Frauen sollen heiraten, Kinder zur Welt bringen und ihren häuslichen Pflichten nachkommen.

In Vers 15 schließt der Apostel seine Anweisungen mit dem Hinweis ab, dass die Situation in Ephesus ein beträchtliches Verführungspotenzial entwickelt hatte. Doch die Annahme der Rolle als Ehefrau und Mutter schützte die Witwen in Ephesus vor Verführung. Einige hatten sich bereits verführen lassen und waren durch die Verbreitung falscher Lehren und durch ihre ausschweifende Lebensweise bereits «dem Satan gefolgt».

Diese Beobachtungen erlauben uns, die Situation in Ephesus wie folgt rückzuerschließen: In der Gemeinde traten falsche Lehrer auf und verboten die Heirat. Sie hatten insbesondere unter den Witwen Erfolg, die das Gelübde der Ehelosigkeit abgelegt hatten. Offenbar verbreiteten viele der jüngeren Witwen die falsche Lehre der Gnosis in den Häusern, während sie selbst ein unmoralisches Leben führten. Von Haus zu Haus laufen und bei Kaffee und Kuchen Tupperware-Partys für die schädlichen Ansichten der Irrlehrer abhalten – so etwa haben wir uns die Situation in Ephesus vorzustellen. Familie und Gemeinde waren damit existenziell bedroht.

Nach dieser sorgfältigen Analyse der Situation können wir uns dem entscheidenden Abschnitt über das Lehrverbot der Frau zuwenden.

Das Lehrverbot in 1. Timotheus 2,8–15

«So will ich nun, dass die Männer beten an allen Orten und aufheben heilige Hände ohne Zorn und Zweifel» (LB). In diesem achten Vers spricht Paulus die Männer an. Er will, dass sie mit reinem Herzen beten (vgl. Psalm 24,3–6). Erhobene Hände sind eine in der Bibel gebräuchliche Gebetshaltung. Der Apostel sagt damit nicht, dass *nur* Männer im Gottesdienst beten dürfen, denn in 1. Korinther 11,5 geht er davon aus, dass Frauen in den Zusammenkünften der Gemeinde ebenso beten. Überhaupt sind normative Aussagen über das Verhalten im Gottesdienst nicht im Blickfeld des Apostels. Bei dem, was nun folgt, geht es vielmehr um korrektive Aussagen mit dem Ziel, die Situation zu entschärfen.

In den Versen 9 bis 15 wendet sich Paulus an die Frauen. Achten Sie auf den Zusammenhang und auf die Sprache des Apostels, und es wird deutlich, dass seine Ausführungen problemorientiert sind. Paulus nimmt keine umfassende Abhandlung über die Rolle der Geschlechter oder die Stellung und die Aufgabe der Frau vor. Er spricht nur die in Ephesus vorhandenen Missstände an und sucht sie zu korrigieren. Damit wird nochmals deutlich: Dieser Text beansprucht nicht, ein Grundsatzprogramm für Frauen zu sein. Es handelt sich um eine begrenzte Antwort auf ein begrenztes Problem.

Paulus will, dass die Frauen in Ephesus in Stille und in Unterordnung lernen (Vers 11). Zweifellos handelt es sich beim zu lernenden Inhalt um das Evangelium. Diese Anweisung ist zunächst einmal eine Ermutigung. Die Frauen *sollen* lernen, und der Gottesdienst ist ein geeigneter Ort dazu. Die Anweisung des Paulus wird verständlich, wenn man bedenkt, dass er etwas später sagt, die Witwen seien «geschwätzig» und mischten sich in Dinge ein, «die sie nichts angehen» (1. Timotheus 5,13; EÜ). Angesichts dieses Missstands verlangt Paulus, dass die Frauen zur Räson kommen und sich in die Ordnung der Gemeinde einfügen. Es geht nicht um die Unterordnung unter den Ehemann, sondern die Unterordnung unter die Gemeinde (was Männer ebenso betrifft wie Frauen).

Die zentrale Aussage erfolgt in Vers 12: «Ich erlaube aber einer Frau nicht zu lehren, auch nicht über den Mann zu herrschen, sondern ich will, dass sie sich in der Stille halte» (ELB).

Das von Paulus verwendete Wort *didaskō* ist das allgemein gebräuchliche Wort für «lehren» im Neuen Testament und wird durchgängig im positiven Sinn verwendet (etwa 2. Timotheus 2,2). Dem fügt Paulus hinzu, dass die Frau «auch nicht» (*oude*) über den – nicht: ihren – Mann «herrsche» (*authentein*). Das Verb *authenteō* kommt nur hier im Neuen Testament vor. Der Professor für Neues Testament und Biblische Theologie Andreas J. Köstenberger hat nachgewiesen, dass im außerbiblischen Gebrauch *oude* entweder zwei negative oder zwei positive Aussagen miteinander verbindet.[31] Weil *didaskō* im Neuen Testament durchwegs positiv verwendet wird, muss auch *authenteō* positiv verstanden werden.

Zwischenergebnis: Paulus verbietet den Frauen in Ephesus, durch Ausübung von Lehre über die Männer zu herrschen. Das ist eine grundsätzliche Aussage, die angesichts der Klarheit des Textes kaum angefochten werden kann. Hätte Paulus den Frauen lediglich das *Falschlehren* verbieten wollen, hätte er wie in 1. Timotheus 1,3 oder 6,3 das Wort *heterodidaskaleō* (anders lehren, falsch lehren) verwenden können.

Die weiteren Verse enthalten erklärende Ergänzungen zum strikten Lehrverbot für Frauen. Adam wurde zuerst erschaffen, und die Frau ließ sich im Sündenfall von der Schlange verführen (Vers 13 bis 14). Das ist insofern relevant, als es in Ephesus die Frauen waren, die sich von der falschen Lehre der Gnosis hatten verführen lassen.

Abschließend weist der Apostel die Frauen in Ephesus auf ihre von Gott zugedachte Rolle als Mütter hin. In diesem Zusammenhang erfolgt der kontrovers diskutierte Satz: «Sie wird aber durch das Kindergebären hindurch gerettet werden, wenn sie bleiben in Glauben und Liebe und Heiligkeit mit Sittsamkeit» (Vers 15; ELB).

Sollen Frauen tatsächlich durch Kindergebären gerettet werden?

Natürlich nicht!

Jedenfalls nicht im Sinn von «zum Glauben kommen».

1. Timotheus 2,15 wird erst verständlich, wenn man die Stelle zusammen mit 1. Timotheus 5,14 liest: «So will ich nun, dass die jüngeren Witwen heiraten, Kinder zur Welt bringen, den Haushalt führen, dem Widersacher keinen Anlass geben zu lästern» (LB). Das Verb *teknogoneō* und das dazugehörige Substantiv *teknogonia* («Kinder zeugen» bzw. «Kinder gebären»)

erscheinen im Neuen Testament nur an diesen beiden Stellen. Das weist darauf hin, dass es sich in 1. Timotheus 2 und 5 um dasselbe Problem handelt.

Nimmt man diese beiden Kapitel zusammen, wird klar, was der Apostel meint: Er will, dass die jüngeren Witwen heiraten und Kinder zur Welt bringen, denn einige Frauen in Ephesus haben dieser ihnen von Gott zugedachten Rolle den Rücken gekehrt und sind der falschen Lehre aufgesessen, man dürfe nicht heiraten – und folglich keine Kinder haben. Die damit verbundene Verführung schnitt so tief, dass einige dieser Frauen sich vom Glauben «abgewandt» haben und jetzt «dem Satan folgen» (1. Timotheus 5,15).

Nun wird klar: Indem die Frauen in Ephesus ihre von Gott zugedachte Rolle als Ehefrauen und Mütter bejahen, werden sie vor dem Einfluss der falschen Lehre «gerettet» und bewahren so ihr Heil. Es geht Paulus nicht um das Christ*werden*, sondern um das Christ*bleiben* – ein Thema, das in den Pastoralbriefen mehrfach angeschnitten wird (1. Timotheus 4,16; 5,15; 2. Timotheus 3,8).

Die Einordnung der Frauen in Ephesus in ihre Rolle als Mütter stellt einen Schutz gegen die Verführung dar, in deren Folge sich einige vom Glauben abgewandt hatten und in der Gefahr standen, ihr Heil preiszugeben.

Und Joyce Meyer?

Das paulinische Lehrverbot für Frauen in 1. Timotheus 2,12 scheint eine Enttäuschung für alle, die sich für die Stärke der

Frau in der christlichen Gemeinde einsetzen. Oder doch nicht? Ist mit dem Lehrverbot in Ephesus gesagt, dass Frauen auch heute keine Lehre weitergeben dürfen?

Offenbar nicht, denn die Ausleger vom linken bis zum rechten Rand des evangelikalen Spektrums verstehen die Aussage des Paulus nicht absolut. Sogar die Verfechter eines strikten Lehrverbots schränken den Radius ein. Grundsätzlich stehen zwei Möglichkeiten offen:

Entweder wird der gesamte Abschnitt von 1. Timotheus 2,8–15 als strikte Anweisungen für alle Zeiten, Orte und Tätigkeiten verstanden. Das würde bedeuten, dass Frauen im christlichen Gottesdienst nicht beten dürften. Sie dürften keinen Schmuck tragen und auch nicht die Predigt halten. Das Lehren von Kindern und Jugendlichen, das Lehren an theologischen Institutionen, das Schreiben von theologischer Fachliteratur oder das Verfassen von Andachtsbüchern wäre nicht möglich. Joyce Meyer könnte den Laden dichtmachen! Männer, die sich strikt an Paulus halten wollen, müssten ein theologisches Buch, das von einer Frau geschrieben wurde, konsequenterweise boykottieren oder den Raum verlassen, wenn eine Frau eine Andacht hält. Eine Frau dürfte eine Dissertation in Biologie oder Medizin schreiben oder eine Firma leiten, aber in der christlichen Gemeinde dürfte sie weder Lehrinhalte vermitteln noch Leitungsaufgaben wahrnehmen.

Doch so weit gehen selbst die konservativsten Ausleger nicht. Damit müssen sie sich den Vorwurf gefallen lassen, Paulus nicht wörtlich zu nehmen. Zumindest dürften sie jene nicht der Untreue dem Wort Gottes gegenüber bezichtigen, die bestimmte

Aussagen in kulturell angepasster Weise verstehen, was der zweiten Möglichkeit entspricht. In den meisten christlichen Gemeinden dürfen Frauen öffentlich beten, sie tragen Schmuck und betätigen sich in gewissen Formen der Lehre. Damit steht die Frage im Raum, wie das Lehrverbot des Paulus auf heute zu übertragen ist.

Ich habe dafür argumentiert, dass Paulus ein striktes Lehrverbot ausspricht. Den Argumenten derer, die behaupten, Paulus wolle nur ein den Mann beherrschendes Lehren oder das Weitergeben falscher Lehre unterbinden, kann ich nicht folgen.

Andererseits glaube ich, dass das Neue Testament der Frau eine Fülle von Möglichkeiten bietet, ihre Stärken in der Gemeinde einzubringen. Wie wir in früheren Kapiteln sahen, wird die Stimme der Frau gebraucht.

Wie ist dieses Dilemma zu lösen?

Die Lösung liegt meines Erachtens darin, dem reformatorischen Grundsatz zu folgen, wonach die Bibel mit der Bibel auszulegen ist.

Als Erstes bedeutet das, dass wir das Lehrverbot im Rahmen der Pastoralbriefe zu verstehen suchen.

Die beiden Timotheusbriefe und der Titusbrief werden, wie bereits erwähnt, Pastoralbriefe genannt. Sie sind Hirtenbriefe – das ist der Sinn des Ausdrucks «Pastoralbriefe» –, weil sie sich an Leute richteten, die in der Gemeinde eine leitende Aufgabe innehatten. Diese Leiter werden auch Hirten genannt (Epheser 4,11).

Wir sahen anfangs dieses Kapitels, dass Paulus die Timotheusbriefe schrieb, um Ordnung in die verworrene Situation in

Ephesus zu bringen. Er konnte selbst nicht vor Ort sein, die aus dem Ruder gelaufene Lage verlangte jedoch nach apostolischem Rat. Die Gemeinde in Ephesus war durch das erfolgreiche Eindringen der Falschlehrer existenziell bedroht. Über die ihnen hörigen Frauen breiteten sich ihre Ansichten schnell aus. Der einzige Weg, mit dem Problem fertig zu werden, bestand darin, den Frauen in Ephesus das Lehren sowie jegliche autoritative Rolle zu verbieten.[32] Nur durch ein striktes Verbot war die Situation unter Kontrolle zu bringen.

Und darum ging es. Nicht um weniger. Aber auch nicht um mehr. Es ging nicht um eine verpflichtende Weisung für die gesamte Urkirche. Nicht um eine die Kulturen überschreitende verbindliche Lehre, die auch 2000 Jahre danach noch genau so befolgt werden musste. Es ging um Ephesus. Mit seinem apostolischen Machtwort versetzte Paulus seinen Mitarbeiter Timotheus, der mit dem Problem offenbar überfordert war, in die Lage, mit apostolischer Rückendeckung gegen die falschen Lehrer vorzugehen. Es war nicht der Zeitpunkt, um eine «Theologie der Frau» zu formulieren. Timotheus fand in Ephesus ein begrenztes – wenn auch dringliches – Problem vor, und 1. Timotheus 2,12 ist die begrenzte (und wirkungsvolle) Antwort des Apostels auf dieses Problem. Denn nun konnte Timotheus dem Treiben Paroli bieten und darauf hinweisen, dass alles Weitere geklärt werde, wenn der Apostel vor Ort sein würde.

Wenn Paulus den Frauen in Ephesus also das Lehren verbietet, ist damit noch kein Lehrverbot für die Frauen aller Gemeinden der Urkirche ausgesprochen.

Ob diese Folgerung korrekt ist oder nicht, muss als Zweites im Lichte der gesamten Bibel entschieden werden. Im Alten und im Neuen Testament können Frauen Richterinnen (Richter 4,4) und Prophetinnen sein (2. Mose 15,20; 2. Könige 22,13–20; Lukas 2,36; Apostelgeschichte 21,9), sie können öffentlich beten und prophetische Worte weitergeben (1. Korinther 11,5), sie können lehren und unterrichten (Titus 2,3–4; Apostelgeschichte 18,26), Diakoninnen sein (Römer 16,1; 1. Timotheus 3,11) und herausragende Stellungen in der urchristlichen Mission bekleiden (Römer 16,2.7).

Dieser Befund sollte uns sehr zurückhaltend machen, wenn es darum geht, 1. Timotheus 2,12 in den Rang einer für alle Zeiten und alle Orte geltenden Anweisung zu erheben. Das Lehrverbot für Frauen in Ephesus entspricht eindeutig nicht dem Ideal des Neuen Testaments. Es handelt sich um eine zeitweilige Verfügung, die nötig war, um die Gemeinde in Ephesus vor weiterer Zerstörung durch falsche Lehre zu schützen.

Jene, die sich für ein striktes Lehrverbot aussprechen, bauen ihre Argumentation auf der Fläche einer Nagelspitze – 1. Timotheus 2,12 – auf. Das ist unklug, denn es überlässt anderen Bibeltexten nur die Statistenrolle. Das Ernstnehmen der gesamten biblischen Botschaft verlangt danach, das Lehrverbot von 1. Timotheus 2,12 nicht in Widerspruch zu anderen Bibeltexten zu setzen und es folglich als begrenzte Antwort auf ein begrenztes Problem zu verstehen.

Kapitel 10
Müssen Frauen schweigen?

Ich habe so das Gefühl, dass dies das erste Kapitel ist, das Sie aufschlagen. Sie möchten wissen, ob Frauen in der Gemeinde tatsächlich zu schweigen haben.

Ja oder nein?

Damit wäre unser komplexes Thema um einiges einfacher. Lange Diskussionen darüber, ob Frauen lehren oder predigen dürfen, erübrigten sich.

Aber so einfach ist die Sache nicht, obwohl die Anweisung des Apostels Paulus in 1. Korinther 14,33–34 eindeutig scheint: «Wie in allen Gemeinden der Heiligen sollen die Frauen schweigen in der Gemeindeversammlung; denn es ist ihnen nicht gestattet zu reden» (LB).

Was gibt es da zu deuteln?

Nun, es lohnt sich, auch an diesen Text einige Fragen zu richten: Aus welchem Grund sollten die Frauen in Korinth schweigen? Bestimmt sollten sie es nicht immer tun und auch nicht überall. Nicht einmal im Gottesdienst. Aber wann? Und wo? Und in welchem Zusammenhang?

Wenn wir diese Fragen stellen, wird uns bewusst, dass es

keine Deutelei ist, wenn man das Schweigegebot nicht rundweg als solches versteht.

Um es vorweg zu nehmen: Ich glaube nicht, dass Frauen in der Gemeinde zu schweigen haben. Und ich glaube schon gar nicht, dass damit das Wesentliche über die Frau im Neuen Testament gesagt ist. Das meine ich nicht *trotz* dieses Bibeltextes, sondern gerade *wegen* dieses Textes. Genauer gesagt: Wegen des gesamten Abschnitts von 1. Korinther 11 bis 14, in den das Schweigegebot eingebettet ist.

Offenbar ist das Schweigegebot nicht absolut zu verstehen, denn derselbe Paulus, der diese Anweisung verfasste, geht nur drei Kapitel weiter vorne ganz selbstverständlich davon aus, dass Frauen im Gottesdienst beten und prophetisch reden (1. Korinther 11,5). Also muss es sich um ein *zeitweiliges* oder *qualifiziertes* Schweigen handeln, zumal auch die Propheten angehalten werden, in gewissen Situationen zu schweigen (1. Korinther 14,30).

Der Text wirft weitere Fragen auf, und wir sollten uns im Klaren sein, dass sie nicht einfach zu beantworten sind:

Erlässt Paulus mit dem Schweigegebot eine Anweisung, die für alle Gemeinden gilt, oder gilt sie nur für Korinth?

Bezieht sich das Schweigen gar nicht allgemein auf das Reden, sondern nur auf die Beurteilung von Prophetien?

Will Paulus vielleicht bloß sagen, Frauen sollten während des Gottesdienstes nicht miteinander schwatzen?

Haben wir aus einer Mücke einen Elefanten gemacht?

Wir folgen einem Prinzip der Bibelauslegung und bringen zuerst in Erfahrung, in welchem Kontext das Schweigegebot erlassen wurde. Der größere Zusammenhang erschließt sich uns in

1. Korinther 11 bis 14. In diesen Kapiteln hat Paulus die gottesdienstlichen Zusammenkünfte der Korinther vor Augen:

In Kapitel 11 geht es um das rechte Verhalten der Frauen und um soziale Probleme beim Herrenmahl.

In Kapitel 12 kommt Paulus auf die Gaben zu sprechen. Aus dem Satz: «Und keiner kann bekennen: ‹Jesus ist der Herr!›, wenn er nicht den Heiligen Geist hat» (1. Korinther 12,3; Hfa), können wir folgern, dass es vielleicht einige gab, die sich auf ihre Gabe etwas einbildeten. Paulus entzieht diesen Leuten ihren Dünkel, indem er das Bekenntnis zu Jesus als eine Wirkung des Geistes bezeichnet. Wenn nur schon das Bekenntnis zu Jesus eine Wirkung des Geistes und kein eigenes Verdienst ist – wie viel weniger kann man sich auf seine Gabe, die ebenfalls durch den Geist gegeben ist, etwas einbilden!

In Kapitel 13 stellt Paulus die Liebe als jene Gabe dar, die alle anderen Gaben übersteigt. Die größte Gabe ist nichts, wenn sie nicht in Liebe und Rücksicht ausgeübt wird.

In Kapitel 14 spricht Paulus dann einige konkrete Probleme des korinthischen Gottesdienstes an. Zuerst widmet er sich dem Verhältnis von Zungenrede und prophetischer Rede. Zweifellos hatten einige in Korinth die Zungenrede zur wichtigsten Gabe hochstilisiert und damit das Gottesdienstgeschehen dominiert. Paulus streitet den Wert der Zungenrede nicht ab, weist aber darauf hin, dass die prophetische Rede, welcher er die Wirkung von Erbauung, Ermutigung, Ermahnung und Trost zuschreibt, zu bevorzugen ist. Danach erklärt Paulus in einem längeren Abschnitt, wie im korinthischen Gottesdienst die Gabe der Zungenrede und der prophetischen Rede praktiziert werden soll:

«Jeder» steuert etwas zum Gottesdienstgeschehen bei – einen Psalm, eine Lehre, eine prophetische Offenbarung, eine Zungenrede – und trägt so zum Aufbau der Gemeinde bei (Vers 26). Höchstens zwei oder drei Zungenredner oder Propheten sollen reden, «und zwar einer nach dem andern». Danach soll das Gesagte ausgelegt werden, sofern es sich um eine Zungenrede handelt (Vers 27).

In diesem Zusammenhang ist erstmals vom Schweigen die Rede. Wenn ein Prophet spricht und ein anderer hat eine Offenbarung, dann soll der Redende schweigen (Vers 30). Es handelt sich nicht um ein absolutes Schweigen, sondern darum, dass der Redende zeitweilig nichts sagt, damit auch die anderen zu Wort kommen.

Schließlich weist Paulus noch einmal darauf hin, dass «einer nach dem andern» prophetisch reden kann (Vers 31). Es ist offensichtlich, dass der Apostel Ordnung in das chaotische Gottesdienstgeschehen in Korinth bringen will. Offenbar redeten alle durcheinander, so dass Paulus darauf hinweisen muss, dass im Gottesdienst Anstand und Ordnung herrschen sollen (Vers 33 und 40). In diesem Zusammenhang erfolgt das Schweigegebot für Frauen (Vers 33–35).

Absolutes Schweigen?

Man ist lange davon ausgegangen, dass das Schweigegebot für Frauen in 1. Korinther 14 einer urchristlichen Regel entsprach. Grund dafür waren mangelhafte Übersetzungen, die den

Grundtext, der keinerlei Zeichensetzung enthält und nur aus Großbuchstaben besteht, schlecht unterteilen. Die einleitenden Worte «wie es in allen Gemeinden der Heiligen üblich ist» (Vers 33; EÜ) gehören nicht zum Schweigegebot, sondern zu den Versen 29 bis 33. Paulus gebraucht im 1. Korintherbrief drei Mal eine ähnliche Formulierung (4,17; 7,17; 11,16) und diese steht durchwegs am *Ende* einer Anweisung.

Das in den urchristlichen Gottesdiensten allgemein Übliche ist nicht das Schweigen der Frau, sondern die vorher angemahnte Ordnung. Der Sinn des Satzes ist: «Gott ist nicht ein Gott der Unordnung, sondern des Friedens. So ist es in allen Gemeinden üblich.» Paulus will also sagen: «In den urkirchlichen Gottesdiensten kennen wir das Durcheinander, das ihr in Korinth veranstaltet, nicht. In der Gemeinde des Christus geht es geordnet zu und her. Diese Regelung gilt auch für euch auf dem Peloponnes!» Damit wird deutlich, dass Paulus, wenn er vom Schweigen der Frauen redet, nicht auf eine allgemeine Gepflogenheit hinweist, sondern speziell auf die Unordnung in Korinth eingeht.

Gewiss kann man auch mit Rücksicht auf den oben genannten Umstand ein absolutes Schweigen der Frauen in Betracht ziehen. Doch damit setzt man sich, wie bereits erwähnt, in Widerspruch zu Paulus selbst. Das legt den Umstand nahe, dass das von den Frauen geforderte Schweigen kein absolutes ist. In 1. Korinther 14,30 sagt Paulus, dass ein Redender schweigen soll, wenn ein anderer eine Offenbarung hat. Das angemahnte Schweigen hat also damit zu tun, dass keiner die gesamte Redezeit für sich beanspruchen darf. Damit ist aber noch nicht befriedigend erklärt, weshalb Paulus im Anschluss an diese Anweisungen die Frauen direkt anspricht und sie zum Schweigen auffordert.

Beurteilen von Prophetien?

Eine Möglichkeit, das Problem zu lösen, besteht darin, das Schweigen der Frauen in Bezug auf das Beurteilen von Prophetien zu verstehen. Das Schweigegebot für Frauen findet sich nämlich mitten im Abschnitt über das Weitergeben und Prüfen von Prophetien. Es ist denkbar, dass angesichts der Verhältnisse in Korinth des Öfteren ein prophetisches Wort zurückgewiesen werden musste.

1. Thessalonicher 5,19–22 geht von dieser Möglichkeit aus und warnt vor Unnützem und Bösem, das in prophetischer Rede vorhanden sein kann. Eingebungen konnten sich mit eigenen Gedanken und falschen Lehren vermischen. Deshalb bildete die Beurteilung von Prophetien eine wichtige Funktion, an welcher alle teilhaben sollten (1. Korinther 14,29).

Der Schweizer Theologe Harry Müller erklärt: «Die Prüfung eines Propheten war eine Autoritätshandlung, und die Zurückhaltung der Frauen demonstrierte die Tatsache, dass die männliche Führungsrolle in der Gemeinde anerkannt wurde [...] Da, und nur da, in diesem spezifischen Kontext, wird kategorisch gesagt, dass sich Frauen der Ausübung solcher kirchlichen Autorität enthalten sollen.»[33]

Diese Möglichkeit steht im Einklang mit der Tatsache, dass

Frauen beten und prophetisch dienen konnten. Aber es löst nicht alle Fragen zufriedenstellend. Wie ist es zu erklären, dass Paulus scheinbar kategorisch sagt, Frauen sollten nicht reden? Weshalb sagt er nicht ausdrücklich, dass das Beurteilen von Prophetien den Männern vorbehalten war?

Dazwischenreden?

Sollten wir das von Paulus geforderte Schweigen als Unterbindung von Dazwischenreden deuten? Will Paulus einfach nicht, dass die Frauen im Gottesdienst Privatgespräche führen oder den Ablauf des Gottesdienstes durch unpassendes Dazwischenreden stören? Diese im Buch *Ohne Unterschied?*[34] vorgetragene Möglichkeit argumentiert wie folgt:

Paulus gestattet den Frauen nicht, im Gottesdienst zu reden (1. Korinther 14,34). Das an dieser Stelle verwendete Verb *laleō* bedeutet «reden», «sprechen», «plaudern». Der Apostel unterbindet nicht das Reden an sich, sondern das unpassende Dazwischenreden. Er fordert von den Frauen, sich unterzuordnen «wie auch das Gesetz sagt» (im selben Vers). Dabei geht es nicht um die Unterordnung unter den eigenen Ehemann, sondern um die Einfügung in die Gottesdienstordnung. Wenn die Frauen in Korinth sich in den Gottesdienst einfügen, beweisen sie damit, dass sie ihre Rolle als Frauen bejahen. Die Einfügung in die Rolle als Frau und die Einfügung in die Gottesdienstordnung ist im Einklang mit den Heiligen Schriften der Urkirche.[35]

Das von Paulus geforderte Schweigen (*sigaō*) bedeutet «schweigen», «ruhig sein», «aufhören». Dieses Bedeutungsspektrum zeigt an, worum es Paulus beim *sigaō* von 14,30 geht: nicht um ein generelles Redeverbot, sondern um ein situatives Schweigen, welches den ordentlichen Ablauf des Gottesdienstes sicherstellt. Dasselbe gilt für das in Vers 34 von den Frauen geforderte Schweigen. Paulus will, dass die Frauen sich ruhig verhalten und nicht durch Gerede den Gottesdienst stören. Der Satz: «… denn es ist schändlich für eine Frau, vor der Gemeinde zu reden» (14,35; ELB), bedeutet dann: Es gehört sich für eine Frau nicht, in der Gemeinde zu schwatzen. Sie soll sich während der Wortbeiträge und deren Beurteilung ruhig verhalten.

Paulus schließt den Abschnitt, indem er noch einmal daran erinnert, dass alles mit Ordnung und Anstand zugehen soll. Nicht das Schweigen der Frau ist die grundsätzliche Sache, um die es geht, sondern der geordnete Gottesdienstverlauf. Der Sinn von 1. Korinther 14,26–40 ist:

- Wenn Zungenredner einer nach dem andern sprechen und einer es anschließend auslegt (14,27–28);
- und wenn ein prophetisch Redender sich zurückhält und auch mal schweigt, so dass auch andere sprechen können (14,29–33);
- und wenn die Frauen sich still verhalten und aufhören, mit ihrem Schwatzen und Dazwischenfragen den Ablauf des Gottesdienstes zu stören (14,33–35) …

... dann ist die Ordnung im Gottesdienst gewährleistet, und die Gemeinde wird durch die Vielfalt der zur Anwendung kommenden Gaben erbaut.

Diese Deutung ist im Einklang mit der Tatsache, dass es weder im Alten noch im Neuen Testament ein Redeverbot für Frauen gibt. Sie nimmt die spezifische Situation in Korinth ernst und versucht, das Schweigegebot im Lichte des korinthischen Gottesdienstes zu interpretieren. Freilich kann sie dabei gewisse spekulative Konstruktionen nicht vermeiden, ist damit aber nicht allein. Die Frage bleibt: Weshalb macht Paulus nicht deutlich, dass er das störende Reden und Dazwischenfragen nicht toleriert? Weshalb seine kategorische Ausdrucksweise?

Immer noch Fragen – hüben wie drüben.

Wir lassen diese Deutungsversuche vorerst so stehen. Das nächste Kapitel wird sich ebenfalls mit dem Gottesdienst in Korinth befassen – mit der Kopfbedeckung. Wir werden in diesem Kapitel genauer nach dem Verlauf des korinthischen Gottesdienstes fragen, und das Licht, das dabei auf die dortigen Verhältnisse fällt, wird uns helfen, das Schweigegebot besser zu verstehen.

Kapitel 11
Willkommen zum Symposion!

Wenn wir das Wort «Gottesdienst» gebrauchen, verbinden wir damit ganz bestimmte Vorstellungen. Für einige von uns gehören liturgische Elemente dazu. Oder moderne Musik und eine Lobpreis-Band. Männer und Frauen sitzen gemischt in Stuhlreihen und erleben mit, was auf dem Podium gesagt oder dargeboten wird.

Was für einen Sinn macht es in einem solchen Gottesdienst, wenn Frauen sich mit einem Kopftuch bedecken?

Offen gesagt, gar keinen.

Nur noch wenige Frauen tragen in unserer postmodernen Gesellschaft ein Kopftuch, und wenn, dann als modisches Accessoire. Oder dann als Identität stiftendes Merkmal von muslimischen Frauen. Es ist keiner Christin im 21. Jahrhundert zu verdenken, wenn sie auf die Kopfbedeckung verzichtet. Kopfbedeckung und Postmoderne – das geht irgendwie nicht zusammen.

Vielleicht ist dieses Empfinden gar nicht so falsch. In *jener* Welt, dem antiken Griechenland, machte eine Kopfbedeckung durchaus Sinn. Sie entsprach der Sitte und war ein wichtiger sozialer Indikator. Das kann man für *unsere* Welt des 21. Jahrhunderts nicht sagen. Im Gegenteil: Eine Kopfbedeckung im Gottesdienst kann schon mal leicht befremdend wirken.

Nicht nur die Sitten haben sich verändert, sondern auch der Gottesdienst. Unsere Gottesdienste sind über weite Strecken eine ganz andere Sache, als es etwa der korinthische Gottesdienst war. Je schneller wir uns von der Vorstellung verabschieden, die urchristlichen Gottesdienste seien wie die unsrigen verlaufen, desto besser werden wir verstehen, dass in Korinth die Frauen den Kopf bedeckten. Denn der urchristliche Gottesdienst war «ein wenig anders» als unsere Versammlungen heute.

Doch jetzt der Reihe nach.

In 1. Korinther 11,1–16 fordert Paulus von den Frauen im Gottesdienst, eine Kopfbedeckung zu tragen. Die Aussagen in diesem Abschnitt scheinen so eindeutig, dass viele der Ansicht sind, die Frauen müssten auch heute eine Kopfbedeckung tragen. Freilich praktizieren dies nur wenige Frauen, weil es nicht der heutigen Sitte entspricht. Das führt in einen Erklärungsnotstand.

Sollten wir gewisse Dinge, welche die Bibel lehrt, nicht praktizieren, nur weil es uns heute nicht mehr angemessen erscheint?

Relativieren wir so nicht Gottes Wort?

Wir haben die Frage nach dem Schweigen der Frau im vorangegangenen Kapitel nicht befriedigend lösen können. Wir wollen dieses Kapitel dazu nutzen, uns näher mit dem Gottesdienst in Korinth zu beschäftigen, denn ein tieferer Einblick in die dortige Versammlung vermag Licht sowohl auf das Schweigen als auch auf die Kopfbedeckung der Frau zu werfen.

Gegensätzliche Interpretationen

Zunächst scheint es mir angemessen zu sein, einzuräumen, dass 1. Korinther 11,1–16 schwierig zu interpretieren ist und auch ich meine Probleme damit habe. Das Ringen der Ausleger und die unterschiedlichen Folgerungen, die aus diesem Text abgeleitet werden, reflektieren diese Schwierigkeiten.

Der Hauptgrund für die Probleme ist die Tatsache, dass wichtige Begriffe des Textes unklar bleiben. Was ist mit der «Macht auf dem Haupt … um der Engel willen» (Vers 10) gemeint? Was bedeutet es, dass der Frau «das Haar als Schleier» (Vers 15) gegeben ist?

Und vor allem: Was bedeutet das Wort *kephalē*, das Paulus dreizehn Mal verwendet? Traditionell wird es mit «Autorität» übersetzt. Der Mann habe Autorität über die Frau, was ihre Unterordnung begründe. Neuere Auslegungen widersprechen und argumentieren, *kephalē* müsse als «Quelle» oder «Ursprung» übersetzt werden, wie es durch Vers 8 ersichtlich wird. Aus dieser Wortbedeutung lasse sich kein Autoritätsverhältnis ableiten. Ferner komme *exousia*, das allgemeine griechische Wort für «Autorität», in diesem Abschnitt nur ein einziges Mal vor.

Es ist nicht verwunderlich, dass aus diesem Abschnitt zum Teil gegensätzliche Forderungen abgeleitet werden. Einige sind der Ansicht, Paulus fordere generell die Kopfbedeckung der

Frau. Er berufe sich auf die Schöpfungsordnung, was diese Forderung allgemein verbindlich mache.

Andere sind der Auffassung, Paulus argumentiere von der Sitte ausgehend. Folglich müssten Frauen in einem veränderten kulturellen Umfeld nicht zwingend eine Kopfbedeckung tragen, wenn sie den Gottesdienst besuchen. Thomas Schirrmacher, ein deutscher Theologe und Ethiker, argumentiert gar, die Korinther hätten die Verschleierung selbst gefordert. Paulus führe nur die Argumente der Korinther ad absurdum und befinde sich im Kampf gegen den Schleier.[36]

Eine Frage der Sitte

Gesichert scheint mir der Umstand zu sein, dass es in Korinth im Zusammenhang mit der Ordnung im Gottesdienst ein Problem mit einigen Frauen gab. Das erklärt, weshalb Paulus seine Ausführungen über den Gottesdienst mit der Frage der Kopfbedeckung beginnt und etwas später das Schweigegebot erfolgt. Herrschte in Korinth ein Missverhältnis zwischen den Geschlechtern? Das ist ohne weiteres denkbar, wenn man die Umsichtigkeit des Apostels von 1. Korinther 11,11–12 bedenkt.

Er weist darauf hin, das alles von Gott kommt: Mann und Frau sind von Gott abhängig. Er ist die Quelle des Lebens und steht als Autorität über ihnen. Die Frau braucht den Mann, und der Mann braucht die Frau. Die Frau wurde zwar aus dem Mann geschaffen, aber der Mann wird durch die Frau geboren. Da haben wir es wieder, das wunderbare Bild des Anfangs: Nicht um Dominanz und Konkurrenz geht es, sondern um Gleichwertigkeit, Ergänzung und Aufeinanderbezogensein.

Paulus ist offensichtlich darum bemüht, die Gleichwertigkeit und die gegenseitige Abhängigkeit der Geschlechter herauszustreichen. So wie Christus Gott untergeordnet, aber ihm dennoch gleich ist, so ist die Frau dem Mann untergeordnet, ihm aber ebenbürtig. Das Verhältnis der Geschlechter bezieht ihre Dynamik aus Liebe und Gleichwertigkeit einerseits und der Führungsverantwortung des Mannes und der Unterordnung der Frau anderseits.

Diese Überlegungen führen uns zur Frage, welcher Zusammenhang zwischen dem Verhältnis der Geschlechter und der Kopfbedeckung der Frau besteht. Man kann hier wiederum nur spekulieren. Weigerten sich die Frauen in Korinth, im Gottesdienst eine Kopfbedeckung zu tragen, um ihre Freiheit in Christus herauszustreichen? Wollten sie sich als befreite Christinnen aus der traditionellen männlichen Dominanz lösen, da es in Christus nicht mehr Mann und Frau gibt (Galater 3,28)? Möglicherweise entsprechen solche Gedanken mehr einem aus der Perspektive der Postmoderne rückwirkend in den Text hineingelesenen Anliegen als der korinthischen Realität.

Klar ist, dass Paulus viel an den Sitten lag. Er strebte in seinem Dienst in bemerkenswerter Konsequenz kulturelle Relevanz an, so dass das Evangelium in der griechisch-römischen Welt kein Fremdkörper blieb. Er achtete sorgsam darauf, den Menschen keinen Anstoß zu geben, damit das Evangelium nicht in Misskredit geriet. Sein Arbeitsprinzip bestand darin, den Juden ein Jude und den Griechen ein Grieche zu sein (1. Korinther 9,19–23).

Diese Argumentationsweise wendet er auch in 1. Korinther 11 an. Er spricht davon, dass es für eine Frau eine «Schande» ist, sich die Haare abzuschneiden (Vers 6). Das natürliche Empfinden lehrte die Korinther, dass es für eine Frau eine Ehre war, lange Haare zu tragen, für den Mann aber eine Schande (Vers 14 und 15). Die Haarlänge ist also keine theologische Sache, sondern eine Frage von örtlicher Kultur und Sitte. In Korinth war es offenbar eine Schande für eine Frau, im Gottesdienst mit unbedecktem Kopf zu beten.

Leider wissen wir über die Verschleierungspraxis des 1. Jahrhunderts n. Chr. wenig. Und auch in der Bibel findet sich keine einheitliche Praxis. Der jüdische Hohepriester trug einen Turban (oder Kopfbund), wenn er im Tempel seinen Dienst versah (2. Mose 28,4 und 37). Die jüdischen Männer zogen wahrscheinlich ihren Umhang über den Kopf, wenn sie beteten, und trugen das Haar eher lang. Die Gottgeweihten – die sogenannten Nasiräer – durften ihre Haare gar nicht schneiden (4. Mose 6,5).

Es ist bemerkenswert, dass Paulus aus der biblischen Praxis keine Folgerungen für die Situation in Korinth ableitete, sondern auf die griechische Kultur hinwies. Die griechischen Männer bedeckten den Kopf nicht und trugen das Haar kurz. Ob die Frauen Griechenlands in der Öffentlichkeit ein Halstuch oder einen Schal über den Kopf banden, kann nicht mit Sicherheit gesagt werden. Wenn dies die übliche Verschleierungspraxis war, dann ist das Tragen des Kopftuchs im Gottesdienst von Korinth Ausdruck angemessenen kulturellen Verhaltens.

Eine weitere Möglichkeit besteht darin, dass der Brauch der Kopfbedeckung durch die judenchristlichen Missionare nach

Griechenland getragen wurde. Das Alte Testament enthält zwar keine Verschleierungsvorschrift für Frauen, es scheint dennoch üblich gewesen zu sein, dass Frauen einen Schleier trugen, wie etwa aus der Verschleierung von Rebekka entnommen werden kann, als sie ihrem Mann zugeführt wurde (1. Mose 24,65). Es ist ohne weiteres denkbar, dass diese Praxis auf die neutestamentlichen Gemeinden übertragen wurde. Das ist umso wahrscheinlicher, als die meisten Gemeinden aus der jüdischen Synagoge heraus entstanden und die Christen jüdischer Herkunft einen beträchtlichen Teil der Gemeinden ausmachten.

Wenn wir davon ausgehen, dass es in den neutestamentlichen Gemeinden üblich war, dass Frauen im Gottesdienst eine Kopfbedeckung trugen, um der Sitte zu entsprechen, dann ist dies kulturell relativ. Selbst wenn das Tragen einer Kopfbedeckung auch als Zeichen der Einfügung in Gottes Schöpfungsordnung interpretiert werden kann, dürfen keine zwingenden Folgerungen für heute abgeleitet werden. Denn in unserer Gesellschaft drückt sich das angemessene Verhältnis zwischen Mann und Frau nicht im Tragen einer Kopfbedeckung aus: «Wenn heute eine Christin beim öffentlichen Beten kein Kopftuch trägt, so kann daraus (im Gegensatz zur damaligen Zeit) nicht gefolgert werden, dass sie sich gegen die Schöpfungsordnung auflehnt.»[37]

Es gibt gute Gründe anzunehmen, dass Paulus die Kopfbedeckung als eine Frage der Sitte betrachtete. Offenbar war sie wichtig für die Ordnung im Gottesdienst. Aber in welcher Weise? Diese Frage führt uns zum sogenannten griechischen Symposion.

Das griechische Symposion

Die Situation in Korinth ist für uns schwierig rückzuerschließen, weil zwischen dem Gottesdienst in Korinth und unserer heutigen Situation zweitausend Jahre liegen und unsere Kultur zwar eine vom alten Griechenland beeinflusste, aber dennoch ganz andere ist. Das zeigt sich gerade bei der Kopfbedeckung. Bis in die zweite Hälfte des 20. Jahrhunderts war es in Europa üblich – vor allem in ländlichen Gebieten –, dass Frauen ein Kopftuch trugen. Es entsprach der Mode und dem, was als schicklich galt. Bis in dieselbe Zeit hinein war es für einen Mann völlig selbstverständlich, sich in der Öffentlichkeit mit einem Hut zu zeigen. Schauen Sie sich einmal Fotos aus den 1950er-Jahren an, und Sie verstehen, was ich meine. Eine ähnliche Situation ist für das Korinth zu neutestamentlicher Zeit denkbar.

In diesem Zusammenhang ergibt sich eine weitere Möglichkeit, die Kopfbedeckung im korinthischen Gottesdienst zu verstehen. Dazu müssen wir uns mit dem Gottesdiensttyp in Korinth vertraut machen.

Wir haben gesehen, dass die Versammlung in Korinth ein mit viel Spontaneität angereichertes Geschehen war. Lieder (Psalmen), prophetische Worte, Zungenrede und Gebete machten den Gottesdienst aus. Diese Form von Zusammenkunft war in Griechenland nicht unüblich. Die wichtigste soziale Institution in der griechisch-römischen Gesellschaft war das Gastmahl. Es gab Gastmähler von Vereinen, wie etwa dem Zusammenschluss der Silberschmiede, von denen in Apostelgeschichte 18 berichtet wird. Und es gab Privatgastmähler, die in der Regel vom Mittelstand oder von begüterten Familien auf deren Anwesen gegeben wurden. Das Gastmahl fand in einem eigens für diesen Zweck eingerichteten Raum statt, der übersetzt «Raum der Männer» bedeutet, auf dem man sich auf Liegen bequem ausstreckte.

Um die Bedeutung des Gastmahls zu verstehen, müssen wir wissen, dass es für die Menschen in der Antike als unwürdig galt, alleine zu speisen. Wo und zu welchem Zweck auch immer sich Menschen trafen – es gehörte eine Mahlzeit dazu.

Die Veranstaltung war immer zweiteilig: Zuerst erfolgte die *deipnon* genannte gemeinsame Mahlzeit, bei der ausgiebig gegessen wurde und die nicht selten in einer Fresserei ausartete.

Nach der Mahlzeit ging man zum *symposion* genannten Trinkgelage über. In diesem Teil wurde kräftig getrunken und sich auf allerlei Arten vergnügt: Der Gastgeber warf ein Thema auf, und die Teilnehmer brachten ihre Wortbeiträge dazu ein. So entstanden lebhafte und zuweilen chaotische Diskussionen, bei denen der reichlich fließende Wein das seine dazu beitrug.

Reiche Gastgeber mieteten für solche Anlässe Sklaven an, die als Tänzer, Schauspieler und als Prostituierte zur Verfügung standen. Nicht selten kam es paarweise und in Gruppen zu ausschweifenden sexuellen Handlungen; ein Umstand, auf den Paulus in Römer 1,18ff. anspielt.

Außerdem waren bei Gastmählern, die von reichen Leuten veranstaltet wurden, oft Hetären anwesend (das waren Frauen, die sich von den gewöhnlichen Dirnen dadurch unterschieden, dass sie sich sowohl auf das Liebesspiel als auch auf die gehobene Unterhaltung verstanden). Für einen griechischen Mann galt es nicht als anstößig, sich mit einer Hetäre abzugeben.

Gleicht man diese Daten mit 1. Korinther 11 bis 14 ab, wird sofort klar, dass der korinthische Gottesdienst in der Form des antiken Gastmahls gefeiert wurde: Zuerst die gemeinsame Mahlzeit mit Herrenmahl (darauf geht Paulus in Kapitel 11 ein), anschließend das Symposion, welches anständig und ordentlich verlaufen sollte (darauf geht Paulus in den Kapiteln 12 bis 14 ein).

Achten Sie darauf, wie Paulus in 1. Korinther 11,17ff. von den Missständen beim Herrenmahl spricht! Offenbar war es Teil einer gemeinsamen Mahlzeit, und bei dieser fraßen sich die reichen Gemeindeglieder satt, während die ärmeren leer ausgingen. In 1. Korinther 12 bis 14 geht es dann um den zweiten Teil des gottesdienstlichen Gastmahls. Nun wurden wie beim griechischen Symposion Wortbeiträge eingebracht. Dabei tauchten dieselben Probleme auf wie bei den «normalen» griechischen Gastmählern. Rederechte mussten erstritten werden und das anhebende Durcheinander in die Schranken gewiesen werden.

Sex und der korinthische Gottesdienst

Der Gottesdienst in Korinth folgte dem antiken Gastmahl bis in Einzelheiten hinein.[38] Eine gewichtige Ausnahme gab es allerdings, und die betraf die *Frauen*. Beim antiken Gastmahl in Griechenland mussten Frauen und Kinder, die zu Beginn des Symposions noch anwesend waren, den Raum verlassen. Das, was nun folgte – ausgiebige Diskussionen und allenfalls sexuelle Handlungen –, war nicht für sie bestimmt. Frauen und Kinder waren für den zweiten Teil also nicht zugelassen, und der «Raum der Männer» war nun wirklich der Raum der Männer. An diesem Punkt wich Paulus nun aber von der Konvention Griechenlands ab. Er erlaubte den Frauen, während des ganzen Gastmahls zugegen zu sein und sich durch prophetische Wortbeiträge und Gebete auch daran zu beteiligen.

Das schuf für die Männer in der Gemeinde von Korinth eine völlig neue Situation. Sie waren es nicht gewohnt, mit Frauen zu diskutieren. Männer gaben sich mit Männern ab, Frauen mit Frauen. Diese beiden Welten waren strikt getrennt. Und nun begegneten sich im Gottesdienst Männer und Frauen auf einmal auf Augenhöhe! Unter dem Kreuz sind eben alle gleich.

Den griechischen Männern in der Gemeinde von Korinth wurde diese neue Stellung von Mann und Frau in Christus vielleicht erst jetzt, in der Gestalt des von Paulus konzipierten Gottesdienstes, richtig bewusst. Zudem waren es die Männer nicht gewohnt, Frauen im «Raum der Männer» zu haben, die *nicht* sexuell verfügbar waren. Denn in Griechenland galten alle Frauen, die beim zweiten Teil des Gastmahls noch zugegen waren, als Prostituierte oder Hetären.

Wenn man die Stadt Korinth ein wenig kennt, wird schnell deutlich, dass es große Probleme in der Gemeinde von Korinth geben musste. Korinth war die sündigste Stadt Griechenlands. Die Griechen verwendeten den Begriff «korinthisieren» («sich wie ein Korinther verhalten») für jemanden mit einem ausschweifenden sexuellen Lebensstil. Ein «korinthisches Mädchen» war die Bezeichnung für eine Prostituierte. Korinths Lasterhaftigkeit machte vor der Gemeinde nicht Halt, wie aus 1. Korinther 5,1–13 und 7,1–5 entnommen werden kann.

Wie konnte es angesichts dieser völlig neuen Situation gelingen, Gemeinschaftsmahl-Gottesdienste zu feiern, die ordentlich verliefen und für alle im Glauben erbauend wirkten?

In diesem Zusammenhang macht die Kopfbedeckung durchaus Sinn. Wenn wir davon ausgehen, dass verheiratete Griechinnen (oder zumindest Christinnen) in der Öffentlichkeit einen Schleier trugen, dann stiftete die Weigerung der Christinnen, im Gottesdienst eine Kopfbedeckung zu tragen, beträchtliche Verwirrung. Sie verzichteten auf einen wichtigen sozialen Indikator, so dass kein Aufschluss über ihren Zivilstand mehr möglich war. Das aber musste beim gottesdienstlichen Symposion, in dem die bloße Anwesenheit von Frauen eine sexuelle Intonation mit sich brachte, zu schweren Problemen führen. Waren sie alleinstehend und noch zu haben? Oder Ehefrauen? Gar Hetären?

Trugen die Frauen nun eine Kopfbedeckung, gaben sie damit ihren Stand als Ehefrauen zu erkennen, und auf diese Weise war eine wichtige Voraussetzung für einen geordneten Gottesdienstverlauf gegeben.

Wenn diese Interpretation korrekt ist, haben wir mit dem Gottesdienst von Korinth ein herausragendes Beispiel dafür, dass Gottesdienste kulturelle Relevanz anzustreben haben. Der Inhalt des Gottesdienstes ist vom Evangelium vorgegeben, seine Form aber ändert sich. Und das bedeutet für uns heute: Die Kopfbedeckung macht in unserer postmodernen

Kultur tatsächlich keinen Sinn mehr und ist uns auch nicht geboten.

Und auch auf das Schweigegebot fällt ein Lichtstrahl. Männer und Frauen mussten erst einmal lernen, miteinander zu reden. Im Lichte der Situation in Korinth ist es denkbar, dass das Problem darin bestand, dass einige Frauen sich nicht an die Regeln eines konstruktiven Gesprächs hielten – wie manche der Propheten auch nicht. Beide hält der Apostel dazu an, auch mal zu schweigen und andere zum Zug kommen zu lassen.

Im Lichte dieser Überlegungen haben wir vielleicht tatsächlich aus einer Mücke einen Elefanten gemacht. Bei der Kopfbedeckung und dem Schweigen geht es um die Ordnung im Gottesdienst. Nicht mehr und nicht weniger. Wenn Frauen sich an die Konvention Griechenlands halten und eine Kopfbedeckung tragen, dann trägt das zur Ordnung im Gottesdienst bei, weil sie sich als verheiratete Frauen zu erkennen geben. Und wenn die Propheten und auch die Frauen lernen, sich zurückzuhalten und auch mal zu schweigen, dann können auch andere zum Zug kommen, und so ist auch hier die Ordnung im Gottesdienst gewahrt.

Möglicherweise ist das alles, was der Apostel Paulus sagen wollte. Und das wäre eine wirklich gute Nachricht.

Kapitel 12
Alles Zeitgeist?

Wir haben in diesem Buch bei der Schöpfung begonnen, haben den Einfluss des Sündenfalls auf das Verhältnis der Geschlechter untersucht und uns einen Überblick über das Alte Testament in Sachen Mann und Frau verschafft. Ausgangspunkt des Verständnisses im Neuen Testament war Jesus Christus. Und schließlich haben wir uns den umstrittenen Aussagen des Apostels Paulus gewidmet. Dabei haben wir festgestellt, dass das Evangelium von Jesus Christus gerade für Frauen eine befreiende Botschaft darstellt. Einige dieser Freiheiten sind im Kampf um die Bibel und wegen der Auseinandersetzung mit dem Feminismus in der evangelikalen Welt verloren gegangen. Diese Freiheiten gilt es wiederzuentdecken.

Evangelikale Christen neigen dazu, gesellschaftliche Veränderungen als Gefahr wahrzunehmen, und haben bisher ein wenig positives Verhältnis zur Kultur entwickelt. Kultur und Zeitgeist werden nicht selten gleichgesetzt.[39] Daraus wächst eine gegenüber gesellschaftlichen Veränderungen zutiefst misstrauische Haltung, die nicht darum bemüht ist, Kultur durch das Evangelium zu gestalten.

Ich habe in dieser Untersuchung die Bibel als göttlich autoritatives Wort ernst genommen. Gleichzeitig habe ich dem Umstand Rechnung getragen, dass die Bibel nicht in einem geschichtslosen Vakuum zu uns kam, sondern Gottes Wort für bestimmte Umstände war. Ich habe das kulturelle Umfeld, in welchem eine biblische Aussage gemacht wurde, im Verstehen eines Bibeltextes mit berücksichtigt. Dieses Vorgehen ist natürlich geeignet, Befürchtungen einer kulturellen Relativierung des Evangeliums aufkommen zu lassen.

Landet man schlussendlich nicht bei einem liberalen Evangelium, wenn man die Kultur zu sehr berücksichtigt?

Welches Verhältnis besteht zwischen biblischer Wahrheit und menschlicher Kultur?

Bedeutet die Auffassung, Frauen könnten ihre Gaben einbringen – ungeachtet dessen, ob es sich um Leitungsgaben oder Lehrgaben handelt –, nicht ein Eindringen des Zeitgeistes in unsere Gemeinden?

Dieses abschließende Kapitel will eine Antwort auf diese Fragen ermöglichen und damit auch eine Rechtfertigung meines Vorgehens in diesem Buch sein.

Kultur gestalten

Wir Christen in Europa sind in den vergangenen 200 Jahren einem die Bibel zersetzenden Kampf ausgesetzt gewesen. Wir haben erlebt, wie die Aufklärung die historische Bibelkritik hervorbrachte und wesentliche Lehren der Bibel zum Mythos erklärte. Darwinismus, Feminismus und andere Ideologien haben zum Kampf gegen die Bibel gerüstet und sich gesellschaftlich auf breiter Ebene durchgesetzt. Die moderne und in gesteigertem Maß die postmoderne Kultur des christlichen Abendlandes hat sich zu einem Feind des Evangeliums entwickelt.

Wegen dieser Entwicklung sind Christen, die an der göttlichen Autorität und Zuverlässigkeit der Bibel festhalten, geneigt, Kultur als negativ zu betrachten.

Eine solche Haltung entspricht nicht nur einer stark vereinfachenden Sicht der Dinge. Es ist auch zweifelhaft, ob sie der Bibel entspricht. Denn in 1. Mose 1,26–28 beauftragt Gott den Menschen, über die Schöpfung zu herrschen. Er soll sie gestalten und zu Gottes Ehre weiterentwickeln. Nach dem Zeugnis von 1. Mose schuf Gott die Welt in sechs Tagen. Nun war es am Menschen, dort weiterzumachen, wo Gott aufgehört hatte, und die Welt zu einem Ort voller Leben, Kreativität und Schönheit zu machen.

Kulturelle Entwicklungen sind deshalb einmal grundsätzlich positiv zu sehen. Kultur zu schaffen gehört zum ersten Auftrag des Menschen. Dieser Auftrag ist nie zurückgenommen worden, und er wurde Männern und Frauen ohne Unterschied gegeben. Diese Tatsache rückt schnell in den Hintergrund, wenn man bestimmte Bibelstellen zu stark betont.

Mit dem Sündenfall fielen der Mensch und alles, was der Mensch gestaltet, unter die Macht des Bösen. Gottes gute Schöpfung (1. Mose 1,31) steht unter dem Fluch (1. Mose 3,17–19). Die Sünde durchdringt das gesamte Leben und damit auch die Kultur. Durch die Sünde ist das Gute der Schöpfung aber nicht ausradiert, sondern nur befallen.

Diese beiden Tatsachen müssen wir in einem gesunden Gleichgewicht halten. Wir neigen dazu, das Gefallensein der Schöpfung zu stark zu betonen und dadurch zu einer überwiegend negativen Beurteilung von Kultur zu gelangen. Doch der Auftrag, den Garten zu bebauen und zu bewahren (1. Mose 2,15), behält seine Gültigkeit. Die Tatsache, dass Kunst und Kultur durch die Sünde entartet sind, enthebt uns nicht der Verantwortung, ihre schönsten Seiten zu wecken und damit die Herrlichkeit des Schöpfers zum Ausdruck zu bringen.

Falsche Prioritäten

Wir haben uns die falschen Prioritäten auf die Tagesliste setzen lassen. Bis in die Neuzeit hinein beherrschte in Sachen Männer und Frauen ein patriarchalischer Zeitgeist die Kirche. Frauen wurden als unbegabt und dumm betrachtet. Nur selten gelangten Frauen zu respektablen Positionen.

Ironischerweise waren es die Kräfte des Säkularismus, die in der Mitte des 20. Jahrhunderts eine Bewegung zur gesellschaftlichen Befreiung der Frau anstießen. Dass dabei weit über das Ziel hinausgeschossen wurde, liegt in der Natur der Sache. Immerhin galt es, ein Jahrtausende altes Bollwerk der weiblichen Minderbewertung zu überwinden.

Die evangelikalen Kräfte reagierten entsetzt auf die vom Feminismus eröffnete Kampffront und widersetzten sich seiner

Ideologie. Doch das, was in der Folge verteidigt wurde, war nicht nur die biblische Wahrheit. Mit ihr vermengt waren traditionelle Positionen. Nicht selten wurde mitunter auch ein patriarchalischer Zeitgeist verteidigt.

In dieser Auseinandersetzung ließen wir uns zu falschen Prioritäten verleiten. Wir gingen in Abwehrstellung und verteidigten das, was wir für die Wahrheit hielten, mit Entschiedenheit. Und so standen sich der postmoderne Zeitgeist des Feminismus und der patriarchalische Zeitgeist weiter Teile der evangelikalen Bewegung gegenüber.

Und die Wahrheit blieb auf der Strecke.

Vielleicht ist dieses Urteil zu hart. Tatsache ist aber, dass wir Bibeltreuen in Sachen Männer und Frauen uns bisher dessen sehr bewusst waren, was wir bekämpften – aber zu wenig dessen, was wir bejahten. Ein Zurück zur Bibel ist überfällig. Das könnte unserer Diskussion eine völlig neue Richtung geben. Wir würden weniger auf der Linie von Dominanz und Konkurrenz argumentieren. Wir würden uns von der Bibel die Prioritäten setzen lassen. Und diese kreisen nicht um die Frage, was eine Frau darf und was nicht. Sondern darum, wie Männer und Frauen zusammen Gottes Schöpfung gestalten und Gemeinde bauen können.

Kultur und Veränderung

Gottes Selbstoffenbarung in der Bibel ereignete sich in den Begriffen der damaligen Zeit. Die Menschen, die unter dem Antrieb des Heiligen Geistes die Bibel hervorbrachten, benutzten die Vorstellungen und Ausdrucksformen ihrer Kultur. Und sie schrieben an Menschen in bestimmten Situationen, so dass Gottes Wort das Wort für sie in ihrer Situation wurde. Das macht die Bibel gleichzeitig zu einem göttlichen und einem menschlichen Buch.

Und hier beginnen unsere Schwierigkeiten mit bestimmten Aussagen des Wortes Gottes. Am Beispiel der Haartracht ist uns das bewusst geworden. Unter Juden scheint es üblich gewesen zu sein, dass die Männer das Haar relativ lang trugen und beim Beten den Kopf bedeckten. Aber genau das attackiert der Apostel Paulus im 1. Korintherbrief! Das macht deutlich, dass es so etwas wie eine unveränderbare biblische Kultur nicht gibt.

Wir müssen noch weiter gehen: Die Bibel enthält keine systematisch ausformulierte Lehre über den Dienst von Männern und Frauen. Der überwiegende Teil der biblischen Texte zu Frauenthemen ist korrektiver Natur. Ein Grundsatzprogramm über den Dienst der Frau existiert darum nicht. Das schafft einen Gestaltungsspielraum, und diesen sollten wir umsichtig und kreativ nutzen.

Die in der Bibel offenbar gewordene Wahrheit ist unveränderlich. Das gilt, wie wir gesehen haben, etwa für das Verhältnis der Geschlechter. Der Mann trägt die Hauptverantwortung, die Frau ist ihm als starke Partnerin zur Seite gestellt. Wie dieses Gott gewollte Verhältnis der Geschlechter konkret gelebt wird – das kann in verschiedenen Kulturen unterschiedlich sein.

In einer Kultur werden mit äußeren Zeichen oder Handlungen innere Werte zum Ausdruck gebracht. Ein solches Zeichen war die Kopfbedeckung der Frau im urchristlichen Gottesdienst. Es symbolisierte die Einordnung der Frauen in ihre Rolle als Ehefrauen. Wir haben es bei der Kopfbedeckung nicht mit einer unveränderbaren biblischen Wahrheit zu tun, sondern mit einem kulturellen *Zeichen*, das eine Wahrheit zum Ausdruck bringt.

Dieser Unterschied ist wichtig.

Wer in unserer postmodernen Gesellschaft die Forderung nach der Kopfbedeckung der Frau erhebt, verwechselt ein kulturelles Zeichen mit der biblischen Wahrheit.

Was ist also zu tun?

Wir müssen nicht das kulturelle Zeichen übernehmen, um der Bibel treu zu sein, sondern den *Wert*, welchen es zum Ausdruck bringt. Es ist die Aufgabe jeder neuen Generation von Christen, die biblische Wahrheit innerhalb ihrer Kultur angemessen zum Ausdruck zu bringen. Bis in die 1950er-Jahre hinein machte die Kopfbedeckung der Frau – vor allem in ländlichen Gebieten – im Gottesdienst durchaus Sinn. Seither hat sich die Kultur in Europa drastisch verändert. Eine Kopfbedeckung ist nichts weiter als ein modisches Accessoire und kein geeignetes Mittel für Christinnen mehr, um zum Ausdruck zu bringen, dass sie ihre von Gott zugedachte Rolle als Frauen bejahen. Wer hier mit Verweis auf den 1. Korintherbrief am Buchstaben festhält, findet sich unter Umständen in einer Situation wieder, in der er das Wirken des Geistes hindert, der Frauen und Männer gleichermaßen erfüllt und begabt.

Selbst die in der Bibel vorkommenden Gottesdienstformen sind kulturellen Veränderungen unterworfen. Die Juden betrachteten im Einklang mit dem Gesetz des Mose den Sabbat, also den Samstag, als heiligen Tag. Die ersten Christen fühlten sich frei, von Jesus, dem Zentrum des Glaubens aus, neue Ausdrucksformen dieses heiligen Tages zu finden, und begannen den Sonntag, den Tag der Auferstehung Jesu, als ihren Sabbat zu feiern. Die Christen in Jerusalem versammelten sich nicht in erster Linie im Tempel, sondern in Privathäusern, wo das gemeinsame Essen und die Feier des Herrenmahls im Mittelpunkt standen. Und in Korinth wurde Gottesdienst in der Form des antiken Gastmahls gefeiert. Diese Art von Gottesdienst entsprach in Griechenland einer kulturell angemessenen und für Nichtchristen relevanten Form.

In der Bibel ist viel Freiheit vorhanden, Kultur zu gestalten. Diesen Freiraum sollten wir positiv einnehmen.

Selektive Bibeltreue

Für einen beträchtlichen Teil der Evangelikalen ist die Frauenfrage ein Schibboleth[40], an dem die Treue zur Bibel festgemacht wird. In dieser Hinsicht reiht sich die Frauenfrage in Themen wie Homosexualität und Abtreibung ein. Wer in diesen Fragen biblische Standpunkte vertritt, dem spricht man das Prädikat «bibeltreu» zu.

Keine Frage – biblische Anschauungen in Sachen Abtreibung oder Homosexualität sind nicht unwichtige Kriterien eines Standpunkts, der beansprucht, der Bibel treu zu sein. Doch leider ist aus dem Begriff «bibeltreu» ein Kampfbegriff geworden, und manche sind dann eben bibeltreuer als andere – oder gar die bibeltreusten.

Das Problem mit diesem Vorgehen besteht darin, dass die Treue zur Bibel fast ausschließlich an den Standpunkten zu einigen einschlägigen Themen definiert wird. Abtreibung. Homosexualität. Frauenordination. Wahres Christentum besteht nach dieser Sichtweise in der Übernahme von richtigen Überzeugungen.

Nun will niemand in Abrede stellen, dass der Botschaft der Bibel entsprechende Überzeugungen wichtig sind. Wenn man aber ein Thema wie die Frauenfrage zu einem Schibboleth erklärt, verzerrt man die biblische Wahrheit. Denn die Frauenfrage war keines der beherrschenden Themen der Urkirche. Nur zwei Mal – in 1. Korinther 11 bis 14 und in 1. Timotheus 2 – werden die Frauen zu einem Problem. Beide Male handelt es sich um ein spezifisches Problem an einem bestimmten Ort.

Es ist nicht grundsätzlich falsch, die Treue zur Bibel an bestimmten Themen festzumachen. Doch ich zweifle, ob es die Frauenfrage bei Jesus oder Paulus auf diese Liste geschafft hätte.

Jesus sprach oft über exzessiven Reichtum, die Überwindung von Feindschaft oder das kindliche Vertrauen auf Gott. Und Paulus hat sich öfter der Verbreitung des Evangeliums angenommen, seine Energie auf die Sammlung für die verarmte Jerusalemer Gemeinde aufgewendet oder über die Auferstehung und die Wiederkunft gelehrt.

Noch deutlicher fällt das Resultat im Alten Testament aus. Keine Spur von einem Grundsatzprogramm in der Frauenfrage! Dafür treten bei den Propheten Themen wie die Überwindung von Armut und das Problem sozialer Ungerechtigkeit in den Vordergrund.

Dieser Tatbestand erzeugt unangenehme Fragen:

Darf eine Gemeinde, die an der Jungfrauengeburt festhält, gleichzeitig aber den Wirkungsradius der Frauen beschneidet oder die Armen vernachlässigt, als bibeltreu gelten?

Ist hier nicht eine selektive Bibeltreue am Werk?

Müsste sie nicht überwunden werden, um der *ganzen* Bibel treu zu sein?

Selektive Bibeltreue kann auch dadurch entstehen, dass man gewisse biblische Texte priorisiert. In der Frauenfrage sind das in der Regel 1. Korinther 14 und 1. Timotheus 2. Im Versuch, den darin enthaltenen Anweisungen treu zu sein, werden andere Aussagen in der Folge überlagert und geraten in Vergessenheit.

Wie wäre es, wenn wir die Tatsache, dass Frauen in der Bibel Mütter, Richterinnen, Prophetinnen und Apostelinnen sein konnten, zur Denkvoraussetzung machten? Texte wie 1. Korinther 14 und 1. Timotheus 2 erschienen da in einem anderen Licht. Diesen Weg habe ich in diesem Buch eingeschlagen und so versucht, der ganzen Bibel treu zu sein.

Ist am Ende alles relativ?

Eine wichtige abschließende Bemerkungen: Ich bin schon einige Male darauf zu sprechen gekommen, dass meine Argumentation in diesem Buch geeignet ist, Befürchtungen aufkommen zu lassen, am Ende resultiere schließlich doch eine Relativierung des Wortes Gottes. Ich habe Verständnis dafür, wenn manche von uns von einem eigenartigen Gefühl beschlichen wurden, während sie dieses Buch gelesen haben. Vergessen wir jedoch nicht, dass ich nicht Gottes Wort in Frage gestellt habe, sondern unsere menschlichen Auslegungen und Traditionen. Letztere können uns so vertraut werden, dass wir sie mit dem Wort Gottes gleichsetzen und dann das Gefühl bekommen, wir befänden uns auf «fremdem Terrain», wenn diese Traditionen hinterfragt werden.

Manche von uns werden sich im Laufe dieses Buches etwa folgende Gedanken gemacht haben: «Wir wurden gelehrt, die Bibel untersage den Frauen zu lehren und zu leiten. Die entsprechenden Bibelstellen, die in diese Richtung weisen, schienen uns klar und deutlich. Nun sind wir nach verschiedenen Überlegungen und der eingehenden Betrachtung der einschlägigen Bibelstellen zu einem anderen Schluss gekommen: Frauen dürfen lehren und leiten. Wenn dem so ist – kämen wir dann nicht auch im Hinblick auf andere Themen, die für evangelikale Christen ebenso eindeutig scheinen, zu ähnlichen Schlüssen? Die Bibel scheint eindeutig zu sein in der Verurteilung homosexuellen Verhaltens. Würden wir zu diesem Thema die Bibel durchforsten und kulturelle Überlegungen beiziehen, wie Roland Hardmeier es in diesem Buch gemacht hat – resultierte daraus nicht, dass homosexuelles Verhalten erlaubt sei?»

Die Antwort ist eindeutig: Nein.

Und zwar deshalb: Wir haben festgestellt, dass in der Bibel eine Reihe unterschiedlicher Aussagen über Männer und

Frauen gemacht werden. Da gibt es Frauen, die leiten (wie Debora) und prophetisch reden (wie Hulda). Es gibt Frauen, die lehren (wie Priszilla) und einen apostelwürdigen Dienst versehen (wie Junia mit Andronikus). Und dann gibt es Texte, in denen den Frauen das Lehren untersagt wird (wie in Ephesus) und sie zum Schweigen angehalten werden (wie in Korinth).

Diese Vielfalt von Aussagen macht deutlich, was wir schon früher festgehalten haben: Es existiert in der Bibel kein Grundsatzprogramm für Frauen. Anders gesagt: Nirgends wird in der Bibel von Anfang bis Ende festgelegt, was Frauen dürfen und was nicht. Frauen sind in der Bibel kein Problem, das es zu lösen gilt. Das träfe, wenn wir etwa an die Aussagen von Jesus in der Bergpredigt denken, schon eher auf die Männer zu. Nirgends in der Bibel ist es das Anliegen, den Wirkungsradius von Frauen zu beschneiden. Im Gegenteil, wir begegnen einer Vielfalt von Möglichkeiten, die für uns geradezu eine Aufforderung sind, den Freiraum, den die Bibel uns bietet, im Sinne von Jesus auszugestalten.

In Sachen praktizierter Homosexualität oder außerehelicher sexueller Betätigung existiert diese Vielfalt nicht. Im Gegenteil: Da wird von Anfang bis Ende mit *einer* Stimme gesprochen, und diese Stimme besagt, dass praktizierte Homosexualität und außereheliche sexuelle Betätigung Gottes Willen widersprechen und unter Gottes Urteil fallen. Da wird im Gesetz des Mose gesagt, dass Männer nicht bei Männern liegen sollen (3. Mose 18,22) und dass Sex in die Ehe gehört (5. Mose 22,22–29).

Dasselbe sagt Jesus mit anderen Worten, wenn er Unzucht (wörtlich: *porneia*) verurteilt (Markus 7,21). Der Begriff bezeichnet im Neuen Testament alle Arten von widergöttlichem Sexualverhalten, wie das Alte Testament es beschreibt. Paulus verurteilt Lustknaben und Knabenschänder (1. Korinther 6,9) zusammen mit den Unzüchtigen (1. Timotheus 1,10). Und er beklagt, Männer hätten sich an Männern und Frauen an Frauen erhitzt (Römer 1,26–27) – etwas, das bei einem griechischen Symposion nicht selten vorkam.

Und schließlich wird im letzten Buch der Bibel festgehalten, dass Unzüchtige und «Hunde» (eine Bezeichnung für männliche sakrale Prostituierte – 5. Mose 23,18) «draußen» sind und keinen Anteil an Gottes neuer Welt haben (Offenbarung 22,15).

Sehen Sie den Unterschied? In einem Fall (praktizierte Homosexualität und außereheliche sexuelle Aktivität) wird von Anfang bis Ende einhellig dieselbe Botschaft verkündet: Beides widerspricht Gottes Willen. Ob es uns passt oder nicht: Spielraum ist da keiner vorhanden. Im anderen Fall (dem Dienst von Frauen) begegnet uns hingegen eine beeindruckende Vielfalt. Mit der Ausnahme von Situationen, die es für Paulus zu entschärfen galt (Korinth und Ephesus), fehlen kategorische Aussagen. Hier ist viel Gestaltungsraum gegeben.

Kapitel 13
Zurück zu Feld eins

Wir beenden unsere Reise dort, wo wir sie begonnen haben: bei der ursprünglichen, guten Schöpfung Gottes. Zurück zu Feld eins. Von hier aus lässt sich unser Thema am besten begreifen, denn hier zeigt sich Gottes Willen, wie er war und immer noch ist:

Gott schuf den Menschen als Mann und Frau. Beide zusammen sind Abbild Gottes. Beiden wird der Auftrag erteilt, über die Schöpfung zu herrschen (1. Mose 1,28) und den Garten Gottes zu bebauen und zu bewahren (1. Mose 2,15). Der Dreiklang von Gleichwertigkeit, Unterschiedlichkeit und Ergänzung führt uns in die richtige Richtung.

Der Wert des Mannseins und des Frauseins ergibt sich aus der Tatsache, dass beide im Bild Gottes geschaffen sind. Der Mann hat der Frau nichts voraus, wenn wir von der Unterschiedlichkeit der Geschlechter sprechen und davon, dass der Mann die Verantwortung der Führung hat. Männliche Führung bedeutet nicht weibliche Minderbewertung und schließt nicht einmal aus, dass Frauen Leitungsverantwortung tragen. Vielmehr ist es so, wie es von allem Anfang an war: Männer und Frauen brauchen einander als Ergänzung – auch in Sachen Führung. Nur zusammen sind sie stark.

Das Wort «zusammen» gibt treffend wieder, wie das Verhältnis der Geschlechter zu denken und in der christlichen Gemeinde zu gestalten ist. Wir sind in der Bibel einigen Männern und Frauen begegnet, die zusammen Leben gestaltet und Menschen gedient haben:

Adam und Eva herrschten zusammen über die Schöpfung und spiegelten dadurch das Wesen Gottes wider.

Mose und Mirjam sangen zusammen ein Lied des Sieges über Gottes Feinde, und das Volk tanzte mit.

Debora und Barak kämpften zusammen und ermöglichten dem Volk Gottes einen großen Sieg.

Priszilla und Aquila lehrten zusammen und brachten so die Fülle ihrer Gaben zum Aufbau der Gemeinde ein.

Andronikus und Junia dienten zusammen und waren durch ihr Leben und ihren Dienst ein Vorbild für die Urkirche.

Man kann das Verhältnis der Geschlechter über Problemstellen wie 1. Korinther 14 und 1. Timotheus 2 definieren. Diesen Versuch halte ich für gescheitert. Er hat die Frauen ihrer Freiheit beraubt und auf diese Weise wertvolle geistliche Ressourcen verschleudert. Es ist Zeit, dass wir auf Feld eins zurückkehren und in der Gemeinde eine erneuerte Welt auch in Sachen Mann und Frau zu leben beginnen:

Männer und Frauen dienen zusammen mit ihren Gaben. Männer nehmen Verantwortung wahr und setzen sich als Leiter und Väter in Christus ein. Frauen ergänzen die Männer mit ihren spezifischen weiblichen Gaben. Wenn eine Frau die Gabe der Lehre hat, soll sie lehren und predigen. Es ist nicht einzusehen, dass dies gegen irgendeine Aussage der Bibel verstoßen sollte, sofern es mit dem ausdrücklichen Ja der Gemeindeleitung versehen ist. Männer und Frauen können und sollen zusammen die Gemeinde leiten. Als Geschöpfe Gottes herrschen sie miteinander und im Wissen, dass jeder die Ergänzung des anderen ist.

Wenn das geschieht, taucht das wunderschöne Bild von Mann und Frau aus der Zeit des Anfangs auf, lässt Dominanz und Konkurrenz hinter sich und schafft Raum für ein befreiendes Evangelium.

Literaturverzeichnis

Bienert, W.A.: «Gnosis/Gnostizismus», in: *Evangelisches Lexikon für Theologie und Gemeinde*, Band 2, hrsg. von Helmut Burkhardt und Uwe Swarat, Wuppertal: Brockhaus, 1993.

Carson, D.A.: *Showing the Spirit. A Theological Exposition of 1 Corinthians 12–14*, Grand Rapids: Baker, 1987 (neuere Auflage: 1996).

Dunn, James D.G.: *Word Biblical Commentary. Vol. 38B. Romans 9–16*, Nashville: Thomas Nelson, 1988.

Egelkraut, Helmuth, u.a.: *Das Alte Testament. Entstehung – Geschichte – Botschaft*, 5., völlig neu bearbeitete Ausgabe, Gießen: Brunnen, 2012.

Goldingay, John: *Old Testament Theology. Israel's Gospel*, Downers Grove: InterVarsity, 2003.

Grudem, Wayne: «Why Christians can still prophesy», in: «Christianity Today», September 1988.

Köstenberger, Andreas J., Thomas R. Schreiner & H. Scott Baldwin: *Women in the Church. A fresh analysis of 1 Timothy 2:9–15*. Grand Rapids: Baker, 1995.

Kuen, Alfred: *Die Frau in der Gemeinde*. Wuppertal: Brockhaus, 1988.

Müller, Harry: *Gemeinde im Umbruch. Was ich von meiner Gemeinde erwarte*, Holzgerlingen: Hänssler, 1995.

Neuer, Werner: *Mann und Frau in christlicher Sicht*, 5., neu bearbeitete Auflage, Gießen: Brunnen, 1993.

Nitsche, Stefan Ark: *König David. Sein Leben – seine Zeit – seine Welt*, Gütersloh: Kaiser/Gütersloher Verlagshaus, 2002.

Packer, J.I.: *Keep in Step with the Spirit*, Nottingham: Inter-Varsity, 1984.

Schirrmacher, Thomas: *Paulus im Kampf gegen den Schleier: Eine alternative Auslegung von 1. Korinther 11,2–16*, 5., erweiterte Auflage, Nürnberg: VTR, 2002.

Smith, Marilyn B. (Hrsg.): *Ohne Unterschied? Frauen und Männer im Dienst für Gott*, erarbeitet von der Kommission für Frauenfragen der Weltweiten Evangelischen Allianz, Gießen: Brunnen, 2000.

Strack, Hermann L. & Paul Billerbeck: *Kommentar zum Neuen Testament aus Talmud und Midrasch*, 3 Bände, München: Beck'sche Verlagsbuchhandlung, 1994 (Erstauflage 1926).

Thompson, Steve: *Alle können prophetisch reden. Praktische Anweisungen zum prophetischen Dienen*, Winterthur: Schleife, 2001.

Toews, J.J.: *Glückliche Familie – nach Gottes Plan*, Neuwied: Memra, 1982.

Turner, Max: *The Holy Spirit and Spiritual Gifts Then and Now*, Carlisle: Paternoster, 1996.

Watts, John D.W.: *Word Biblical Commentary. Vol. 24. Isaiah 1–33.*, hrsg. von David A. Hubbard & Glenn W. Barker. Nashville: Thomas Nelson, 1985.

Wendel, Ulrich: *Die erstrebenswerte Gabe. Prophetie in der christlichen Gemeinde heute – neutestamentliche Erkundungen*, Neukirchen-Vluyn: Aussaat, 2000.

Wick, Peter: *Die urchristlichen Gottesdienste. Entstehung und Entwicklung im Rahmen der frühjüdischen Tempel-, Synagogen- und Hausfrömmigkeit*, Stuttgart: Kohlhammer, 2002.

Anmerkungen

[1] Vgl. außerdem 2. Mose 18,4; 1. Samuel 7,12; Psalm 33,20; 70,5.

[2] Neuer: *Mann und Frau in christlicher Sicht*, Seite 42 und 45.

[3] Smith: *Ohne Unterschied?*, Seite 37.

[4] Goldingay: *Old Testament Theology*, Seite 144.

[5] Vgl. Neuer: *Mann und Frau in christlicher Sicht*, Seite 69–71.

[6] Nitsche: *König David*, Seite 134.

[7] So Egelkraut: *Das Alte Testament*, Seite 353: «Weil es Israel an Männern fehlte, die zur Führung bereit waren, erweckte Gott Frauen.» Gestützt wird diese Ansicht mit Richter 5,7: «Es ruhten die Landbewohner; sie ruhten in Israel, bis ich, Debora, aufstand, bis ich aufstand, eine Mutter in Israel» (ELB). Als Übersetzungsvariante wird «Es gab keine Führer mehr; sie gab es nicht mehr ...» angegeben (Fußnote zur Stelle).

[8] Möglicherweise gilt das auch für die Frau des Propheten Jesaja, die in Jesaja 8,3 wie Mirjam und Hulda als «Prophetin» bezeichnet wird. Watts (*Isaiah 1–33*, Seite 111 und 113) denkt, dass Jesajas Frau als Prophetin im Tempel diente, räumt aber ein, dass dies nicht mit Sicherheit gesagt werden könne, da es über sie keine Aufzeichnungen gibt.

[9] Leipoldt, Johannes: *Die Frau in der antiken Welt und im Urchristentum*, Gütersloh: Gütersloher Verlagshaus, 1962, Seite 75. Zitiert in Neuer: *Mann und Frau in christlicher Sicht*, Seite 85.

[10] Jeremias, Joachim: *Neutestamentliche Theologie. Erster Teil: Die Ver-*

kündigung Jesu, Gütersloh: Gütersloher Verlagshaus, 1971, Seite 217. Zitiert in Neuer: *Mann und Frau in christlicher Sicht*, Seite 84.

[11] Strack und Billerbeck: *Kommentar zum Neuen Testament. Dritter Band*, Seite 611.

[12] Strack und Billerbeck: ebd., Seite 610.

[13] Strack und Billerbeck: ebd., Seite 611–612.

[14] Strack und Billerbeck: *Kommentar zum Neuen Testament. Zweiter Band*, Seite 438.

[15] Strack und Billerbeck: ebd.

[16] Siehe Strack und Billerbeck zur Stelle.

[17] Toews: *Glückliche Familie nach Gottes Plan*, Seite 64.

[18] Kuen: *Die Frau in der Gemeinde*, Seite 183.

[19] Die Berufung von Timotheus ist ein treffendes Beispiel für die enthüllende Dimension der Prophetie. Im 1. Timotheusbrief erinnert Paulus seinen Mitarbeiter zweimal daran, dass er seine Berufung aufgrund prophetischer Worte erhalten hatte: «Diese Ermahnung lege ich dir ans Herz, mein Sohn Timotheus, im Gedanken an die prophetischen Worte, die einst über dich gesprochen wurden» (1. Timotheus 1,18; EÜ). Und ein wenig später: «Vernachlässige nicht die Gabe, die Gott dir geschenkt hat, als die Ältesten dir aufgrund prophetischer Weisungen die Hände auflegten» (1. Timotheus 4,14; GNB). Die Situation könnte folgende gewesen sein: Am Anfang standen mehrere prophetische Äußerungen, die eine Berufung des Timotheus enthielten. Möglicherweise wurde Timotheus aus einer Reihe von Kandidaten berufen. Dann – man weiß nicht, wie lange danach – betete eine Gruppe von Ältesten, wohl gemeinsam mit Paulus, über ihm und verknüpfte dieses Gebet mit Auflegung der Hände. Bei diesem Gebet empfing Timotheus seine Gnadengabe (Charisma wie in 1. Korinther 12–14; vgl. 2. Timotheus 1,6). Hier wird deutlich, dass die Berufung in den Dienst ein Anwendungsgebiet der Prophetie ist (Wendel: *Die erstrebenswerte Gabe*, Seite 70).

[20] Vgl. Packer: *Keep in Step with the Spirit*, Seite 215–217.

[21] Wendel: *Die erstrebenswerte Gabe*, Seite 60–61.

[22] Grudem: «Why Christians can still prophesy», Seite 34.

[23] Vgl. für das Folgende: Wendel: *Die erstrebenswerte Gabe*, Seite 90–91.

[24] Thompson: *Alle können prophetisch reden*, Seite 12–13.

[25] Vgl. Carson: *Showing the Spirit*, Seite 120.

[26] Turner: *The Holy Spirit and Spiritual Gifts*, Seite 210.

[27] Diener.

[28] Vgl. Dunn: *Word Biblical Commentary. Vol. 38B. Romans 9–16*, Seite 886–890.

[29] Dunn: ebd., Seite 894–895. Wobei «Junian» die griechische Akkusativform des Namens «Junia» ist.

[30] Bienert: «Gnosis/Gnostizismus», in: *Evangelisches Lexikon für Theologie und Gemeinde*, Band 2, Seite 784–785.

[31] Köstenberger, Schreiner und Baldwin: *Women in the Church*, Seite 81–103.

[32] Pietersen: «Women and the Pastorals, Part 2», www.anabaptistnetwork.com/book/export/html/159 vom 7.12.2012.

[33] Müller: *Gemeinde im Umbruch*, Seite 231–232.

[34] Kern und Smith: *Ohne Unterschied?*, Seite 86–87.

[35] *Nomos* mit Artikel bezeichnet im Neuen Testament das Gesetz des Mose. Das Wort wurde aber auch in erweitertem Sinn verwendet. So konnte «das Gesetz» (*ho nomos*) Bezeichnung für das gesamte Alte Testament sein (vgl. Vine: *Expository Dictionary of Biblical Words*, Seite 354–356). Paulus beruft sich an dieser Stelle nicht auf eine bestimmte Forderung des Gesetzes, sondern stellt fest, dass das Alte Testament die Unterordnung der Frau voraussetzt. Der Sinn von 1. Korinther 14,34 ist: Das Ernstnehmen des Gesetzes erfordert es von den Frauen, sich in der Gemeinde unterzuordnen.

[36] Schirrmacher: *Paulus im Kampf gegen den Schleier*.

[37] Neuer: *Mann und Frau in christlicher Sicht*, Seite 106.

[38] Mehr dazu bei Wick: *Die urchristlichen Gottesdienste*.

[39] Ich verwende den Begriff «Kultur» im allgemein üblichen Sinn, näm-

lich als zusammenhängendes System von Glaubensformen, Werten und Sitten, welche eine Gruppe, Gesellschaft oder Nation ausmachen.

40 Schibboleth ist ein hebräisches Wort und bedeutet wörtlich «Getreideähre», wird aber in der Bedeutung von «Kennwort» oder «Codewort» verwendet. Hintergrund ist eine Stelle aus dem Alten Testament, Richter 12,5f. Dort heißt es: «Und Gilead nahm Ephraim die Furten des Jordan. Und es geschah, wenn ephraimitische Flüchtlinge sagten: Lass mich hinübergehen!, dann sagten die Männer von Gilead zu ihm: Bist du ein Ephraimiter? Und sagte er: Nein!, so sprachen sie zu ihm: Sag mal: Schibbolet! Und sagte er: Sibbolet!, und brachte es nicht fertig, richtig zu sprechen, dann packten sie ihn und schlachteten ihn an den Furten des Jordan» (ELB). In der hebräischen Schrift ist die Aussprache des Buchstaben «Schin» nicht ersichtlich, wenn er nicht punktiert ist. Ausspracheweisen dienten hier dazu, Personen als Feind oder Nichtfeind zu erkennen. (Vgl. www.abcphil.de/html/schiboleth.html)